French Sentences Vol.1
English to French

A Bilingual (Dual-Language) Book

Author: Nik Marcel 2014
Author: Monique Cossard 1976
Co-author: Robert Salazar 1976

Translator & Editor: Nik Marcel 2014

2Language Books

French Sentences Vol.1

English to French

ISBN-13: 978-1494992712
ISBN-10: 149499271X

2Language Books
(A Bilingual Dual-Language Project)

Editor's Note:

The dual-language text has been arranged into sentences for quick and easy cross-referencing. The text can be used on its own. However, the content is ideal for reinforcing grammar, and as a precursor to more advanced bilingual editions.

Once a student has studied the basics, a suitable book about basic grammar is helpful. The suggestion is that it be studied more with the intent of recognition and understanding, rather than memorising and obsessive rote learning. Go through as much of the book you feel you can digest — maybe even the whole book — skipping over what is not easily understood. Then, read through a portion of text in this book, looking for examples of what you have picked up (or gleaned) in your hopefully not so arduous study of grammar. Even repeatedly seeing a word that you remember seeing listed as a 'subject pronoun' or a 'third person plural' verb of some sort is a great help.

Then, depending on your inclination, return to the grammar book (or your basic French book), or move on to lengthier bilingual text — like in 2Language Books stories, for example —, or find some suitable French text: a simple novel, a French news website, etc.

Table of Contents

French Sentences
Phrases en Français

Chapter I
Chapitre I

Hello.
Bonjour.

Good morning.
Bonjour.

Good afternoon.
Bonjour.

Good evening.
Bonsoir.

Goodnight.
Bonne nuit.

How are you?
Comment êtes-vous?

What is your name?
Quel est votre nom?

My name is Joe.
Mon nom est Joe.

And what is your name?
Et quel est votre nom?

My name is Mary.
Mon nom est Marie.

Where are you from?
Où êtes-vous?

I am from England.
Je suis de l'Angleterre.

I come from England.
Je viens d'Angleterre.

I am English.
Je suis anglais.

I was born in England.
Je suis née en Angleterre.

I was born in London.
Je suis née à Londres.

He was born in Italy.
Il est né en Italie.

She was born in Paris.
Elle est née à Paris.

I am from Canada.
Je suis du Canada.

I am from France.
Je suis de la France.

I come from France.
Je viens de France.

I am French.
Je suis français.

I am from Brazil.
Je suis du Brésil.

I am from Japan.
Je suis du Japon.

I am delighted to be here in France.
Je suis ravi d'être ici en France.

I am on holiday.
Je suis en vacances.

I am here on holiday.
Je suis ici en vacances.

I came here one month ago.
Je suis venu ici il y a un mois.

I came here two weeks ago.
Je suis venu ici il y a deux semaines.

I came here with my brother.
Je suis venu ici avec mon frère.

I came here with my brothers.
Je suis venu ici avec mes frères.

I came here with my sisters.
Je suis venu ici avec mes sœurs.

I came here with my sister.
Je suis venu ici avec ma sœur.

I came here with my friend.
Je suis venu ici avec mon ami.

I came here with my colleague.
Je suis venu ici avec mon collègue.

I came here with my team.
Je suis venu ici avec mon équipe.

I came here with my family.
Je suis venu ici avec ma famille.

I came here by myself.
Je suis venu ici par moi-même.

I came here alone.
Je suis venu tout seul.

I am really glad to be here.
Je suis vraiment content d'être venu ici.

I came here for a visit.
Je suis venu en visite.

I live here now.
Je vis ici maintenant.

I live in Australia.
Je vis en Australie.

I live here with my dog.
Je vis ici avec mon chien.

I live here with my cat.
Je vis ici avec mon chat.

I live here with my husband.
Je vis ici avec mon mari.

I live here with my wife.
Je vis ici avec ma femme.

We live overseas.
Nous vivons à l'étranger.

They live in Europe.
Ils vivent en Europe.

Where do you live?
Où habitez-vous?

Where do you work?
Où travaillez-vous?

Where in the city do you live?
Où habitez-vous dans la ville?

Do you live in France?
Vivez-vous en France?

Does she live in Italy?
Vit-elle en Italie?

Where were you living a year ago?
Où habitiez-vous il y a un an?

I have lived here ever since I was born.
Je vis ici depuis que je suis née.

I have lived here since I was a teenager.
Je vis ici depuis l'adolescence.

I have been living here for seven years.
Il y a sept ans que je vis ici.

I am still on holiday.
Je suis encore en vacances.

I have been on holiday for three weeks.
Je suis en vacances depuis trois semaines.

Do you speak French?
Parlez-vous français?

No, I do not speak French.
Non, je ne parle pas français.

Yes, I speak French.
Oui, je parle français.

I speak a little French.
Je parle un peu français.

I speak a little French.
Je parle un peu le français.

I speak English and a little French.
Je parle anglais et un peu français.

I speak French every day.
Je parle français tous les jours.

I speak a little English.
Je parle un peu anglais.

If you speak English, you can communicate with a lot of people.
Si vous parlez anglais, vous pouvez communiquer avec un grand nombre de personnes.

I do not speak French well.
Je ne parle pas bien le français.

I am going to speak a little in French.
Je vais parler un peu en français.

I would like to be able to speak my language, but no one speaks French.
Je voudrais pouvoir parler ma langue, mais personne ne parle français.

Everyone speaks French – which is the official language – or English.
Tout le monde parle le français – qui est la langue officielle – ou l'anglais.

We speak French and English.
Nous parlons français et anglais.

She speaks French.
Elle parle français.

He speaks English.
Il parle anglais.

They speak English and Spanish.
Ils parlent anglais et espagnol.

No one speaks French.
Personne ne parle français.

Nobody speaks French.
Personne ne parle français.

No one spoke French.
Personne ne parlait français.

I called the emergency number and no one spoke French.
J'ai appelé le numéro d'urgence et personne ne parlait français.

What time is it, please?
Quelle heure est-il, s'il vous plaît?

What time is it in New York?
Quelle heure est-il à New York?

What time is it in your country?
Quelle heure est-il dans votre pays?

We do not know at what time they will be arriving.
Nous ne savons pas à quelle heure ils seront ici.

It is extremely important for us to know at what time you are expected to arrive.
Il est très important pour nous de savoir à quelle heure vous devez arriver.

Where and at what time is the meeting?
Où et à quelle heure est la réunion?

I like to know what is going on.
J'aime bien savoir ce qui se passe.

Do we get the news at 2 o'clock?
Donne-t-on les nouvelles à 2 heures?

No, the news is not on at 2 o'clock.
Non, on ne donne pas les nouvelles à 2 heures.

I have taken my breakfast.
J'ai pris mon petit déjeuner.

This morning I had a wonderful breakfast.
Ce matin, j'ai eu un merveilleux petit déjeuner.

Take the medication half an hour before breakfast, with a big glass of water.
Prenez le médicament une demi-heure avant le petit déjeuner avec un grand verre d'eau.

My breakfast will never be the same.
Mon petit déjeuner ne sera plus le même.

I have not had lunch.
Je n'ai pas pris le déjeuner.

Will you have lunch with them today?
Déjeunez-vous avec eux aujourd'hui?

No, I will not be having lunch with them today.
Non, je ne déjeune pas avec eux aujourd'hui.

I have lunch with my neighbour.
Je déjeune avec mon voisin.

I often have lunch at my desk.
Je déjeune souvent à mon bureau.

I would like to invite you for a coffee or some lunch.
Je voudrais vous inviter pour un café ou un déjeuner.

Mrs Baudelaire likes her breakfast in her room at 9.30 sharp.
Madame Baudelaire voudrait son petit déjeuner dans sa chambre à 9h 30 précises.

You speak English fluently.
Vous parlez couramment l'anglais.

You are fluent in French.
Vous parlez couramment le français.

Do you speak French or some other second language?
Vous parlez français ou d'autres langues?

Do you speak English at work?
Parlez-vous anglais au travail?

Tell me about your work.
Parlez-moi de votre travail.

I only speak Spanish at home.
Je ne parle que l'espagnol à la maison.

She only speaks English at work.
Elle ne parle que l'anglais au travail.

He only speaks German at school.
Il ne parle que l'allemand à l'école.

He only spoke English at home.
Il ne parlait que l'anglais à la maison.

I am going to speak French at school.
Je vais parler français à l'école.

I will speak French at school.
Je parlerai français à l'école.

We are going to speak French at school.
Nous allons parler français à l'école.

We will speak French at school.
Nous parlerons français à l'école.

They spoke in French yesterday.
Ils parlaient en français hier.

They spoke to me in French.
Ils me parlaient en français.

I do not understand.
Je ne comprends pas.

I do not understand you.
Je ne vous comprends pas.

They spoke to me in French, but I did not understand.
Ils me parlaient en français, mais je ne comprenais pas.

I do not understand you at all.
Je ne vous comprends vraiment pas.

I really do not understand you.
Je ne vous comprends vraiment pas.

I have absolutely no idea what you are on about.
Je ne vous comprends vraiment pas.

Perhaps I am not understanding you very well.
Je ne vous comprends peut-être pas bien.

Maybe I am not understanding you correctly.
Je ne vous comprends peut-être pas bien.

You do not speak French or English well.
Vous ne parlez pas bien français ou anglais.

I do not understand why.
Je ne comprends pas pourquoi.

They mostly speak English at work.
Ils parlent surtout l'anglais au travail.

If you speak English, why learn a second language?
Si vous parlez l'anglais, pourquoi apprendre une langue seconde?

They only speak in English at work.
Ils ne parlent que l'anglais au travail.

Do you speak English in class?
Parle-t-on anglais en classe?

No, we do not speak English in class.
Non, on ne parle pas anglais en classe.

Where are you going?
Où allez-vous?

So, where are you going?
Alors, où allez-vous?

Where are you going now?
Où allez-vous à présent?

Who are you and where are you going?
Qui êtes-vous et où allez-vous?

Where will you start?
Où allez-vous commencer?

Where are you going to find them?
Où allez-vous les trouver?

Where are you going to find the necessary information?
Où allez-vous trouver l'information nécessaire?

Where are you going to get help?
Où allez-vous pour obtenir de l'aide?

Where are you going today?
Où allez-vous aujourd'hui?

Where are you going tonight?
Où allez-vous ce soir?

Where are you going tomorrow?
Où allez-vous demain?

Where will you go?
Où irez-vous?

Where did you go?
Où êtes-vous allé?

How far did you go?
Jusqu'où êtes-vous allé?

Where did you go to school?
Où êtes-vous allé à l'école?

Where are they going?
Où vont-ils?

Where are we going?
Où allons-nous?

Where are we going to find someone?
Où allons-nous trouver quelqu'un?

How far will you go?
Jusqu'où irez-vous?

Where will you go next weekend?
Où irez-vous le weekend prochain?

Where have you been this year?
Où avez-vous été cette année?

Where would you go?
Où iriez-vous?

Where would you go to find help?
Où iriez-vous pour trouver de l'aide?

Why are you going?
Pourquoi allez-vous?

Why are you going to that place?
Pourquoi allez-vous à cet endroit?

Why don't you go?
Pourquoi n'y allez-vous pas?

I never thought you would go so far!
Je ne pensais pas que vous iriez aussi loin.

Why don't you go and take a look?
Pourquoi n'iriez-vous pas jeter un coup d'œil?

Are you not going with them?
Ne rentrez-vous pas avec eux?

No, I am not going with them.
Non, je ne rentre pas avec eux.

You are going towards them.
Vous allez vers eux.

What are you going to do for them?
Qu'allez-vous faire pour eux?

He went with them.
Il alla avec eux.

Can I rent a room?
Puis-je louer une chambre?

How can I rent a space?
Comment puis-je louer une salle?

Should I hire a car?
Devrais-je louer une voiture?

I would like to hire a car.
Je voudrais louer une voiture.

I would like to rent an apartment.
Je voudrais louer un appartement.

Is the room rented out to the Lelong's?
Ne loue-t-on pas la chambre aux Lelong?

No, the room is not rented out to the Lelong's.
Non, on ne loue pas la chambre aux Lelong.

I want to rent a room for one month.
Je veux louer une chambre pour un mois.

Does lesson 5 begin today?
Commence-t-on la leçon 5 aujourd'hui?

No, lesson 5 does not begin today.
Non, on ne commence pas la leçon 5 aujourd'hui.

The window is open.
La fenêtre est ouverte.

The windows are open.
Les fenêtres sont ouvertes.

They are open.
Ils sont ouverts.

The windows and the door is open.
Les fenêtres et la porte est ouverte.

Are you going to close the windows?
Fermez-vous les fenêtres?

No, I am not going to close the windows.
Non, je ne ferme pas les fenêtres.

I am late this morning.
Je suis en retard ce matin.

Aren't you always late?
Est-ce que vous n'êtes pas toujours en retard?

I come back at 6 o'clock tonight.
Je rentre à 6 heures ce soir.

Don't you always come back at 6 o'clock?
Est-ce que vous ne rentrez pas toujours à 6 heures?

My train is on time today.
Mon train est à l'heure aujourd'hui.

Is it not always on time?
Est-ce qu'il n'est pas toujours à l'heure?

I listen to my wife.
J'écoute ma femme.

Don't you always listen to your wife?
Est-ce que vous n'écoutez pas toujours votre femme?

We go at 6 am today.
On part à 6 heures aujourd'hui.

Don't you always go at 6 o'clock?
Est-ce qu'on ne part pas toujours à 6 heures?

It closes at 6 o'clock today.
On ferme à 6 heures aujourd'hui.

Is it not always closed at 6 o'clock?
Est-ce qu'on ne ferme pas toujours à 6 heures?

I am fine today.
Je vais bien aujourd'hui.

Aren't you always well?
Est-ce que vous n'allez pas toujours bien?

The class starts at nine o'clock this morning.
La classe commence à neuf heures ce matin.

Doesn't it always start at nine o'clock?
Est-ce qu'elle ne commence pas toujours à neuf heures?

Person 1: Do you want to have a coffee?
Personne 1: Voulez-vous prendre un café?

Person 2: No, I cannot; I am late.
Personne 2: Non, je ne peux pas, je suis en retard.

Person 1: What time does the train arrive?
Personne 1: A quelle heure le train arrive-t-il?

Person 2: At ten past nine.
Personne 2: A neuf heures dix.

Person 1: You still have fifteen minutes.
Personne 1: Vous avez encore un quart d'heure.

Person 2: Yes, but I have to get a platform ticket.
Personne 2: Oui, mais je dois prendre un ticket de quai.

Person 1: Are your children arriving alone?
Personne 1: Vos enfants arrivent-ils seuls?

Person 2: No, my sister is with them.
Personne 2: Non, ma sœur est avec eux.

Person 3: I depart tonight with my son.
Personne 3: Je pars ce soir avec mon fils.

Person 4: You go to Lyon?
Personne 4: Vous allez à Lyon?

Person 3: Yes, for a week.
Personne 3: Oui, pour une semaine.

Person 4: Will you take sleepers?
Personne 4: Allez-vous prendre des couchettes?

Person 3: No, it is not worth the trouble. We arrive at 2 o'clock in the morning.
Personne 3: Non, ce n'est pas la peine. Nous arrivons à 2 heures du matin.

Person 4: If you want, I can take you to the station.
Personne 4: Si vous voulez, je peux vous conduire à la gare.

Person 3: Thank you very much.
Personne 3: Merci beaucoup.

Where are you going this Wednesday?
Où allez-vous ce mercredi?

Where are you going on Tuesday?
Où allez-vous le mardi?

Where are you going until Thursday?
Où allez-vous jusqu'à jeudi?

Where are you going Monday to Friday?
Où allez-vous du lundi au vendredi?

Where are you going on the evening of Saturday the 24th?
Où allez-vous dans la soirée du samedi 24?

I will be at work.
Je serai au travail.

I am at work.
Je suis au travail.

I will be at work from Monday to Friday.
Je serai au travail du lundi au vendredi.

I will be more directly involved in this work.
Je ne serai plus associée directement à ce travail.

I will be at the office from nine to ten o'clock in the morning.
Je serai au bureau de neuf à dix heures du matin.

I will continue to be at your service.
Je continuerai à être à votre service.

I will be at work after seven in the morning.
Je serai au travail après sept heures du matin.

I will be at work until two in the morning.
Je serai au travail jusqu'à deux heures du matin.

Where are you going next Friday?
Où allez-vous vendredi prochain?

Where can we rent places?
Où peut-on louer des places?

Are there sleeping compartments on the train to Chicago?
Y a-t-il des wagons-lits dans le train pour Chicago?

When you go to New York, do you have lunch on the train?
Quand vous allez à New York, déjeunez-vous dans le train?

What time do you arrive there?
A quelle heure arrivez-vous là-bas?

I arrive at three in the morning.
J'arrive à trois heures du matin.

At what hour could you depart?
À quelle heure pouvez-vous partir?

You should check what time the office opens and closes.
Vous devez vérifier à quelle heure le bureau ouvre et ferme.

At what hour could you receive us?
À quelle heure pouvez-vous nous recevoir?

You can call at any time of the day or night.
Vous pouvez appeler à n'importe quelle heure du jour ou de la nuit.

A doctor is present at any hour of the day and night.
Un médecin est présent à n'importe quelle heure du jour ou de la nuit.

They arrive at any hour of the day or night.
Ils arrivent à n'importe quelle heure du jour ou de la nuit.

He comes at any hour of the day.
Il vient à n'importe quelle heure du jour.

He came last week.
Il est venu la semaine dernière.

He came last week.
Il venait la semaine dernière.

She turns up at any hour of the night.
Elle se présente à n'importe quelle heure de la nuit.

How much is the ticket to New York?
C'est combien le billet pour New York?

Do you arrive late to take a train?
Arrivez-vous en retard pour prendre un train?

Do you always close the compartment door?
Fermez-vous toujours la porte du compartiment?

Can we take a coffee in the dining car?
Peut-on prendre un café au wagon-restaurant?

Are there still places in compartments for smokers?
Y a-t-il toujours des places dans les compartiments pour fumeurs?

At which counter do you ask about train departure times?
A quel guichet demandez-vous l'heure de départ des trains?

Where do you rent a space?
Où loue-t-on les places?

Where can I smoke in the train?
Où peut-on fumer dans un train?

She is not going to have lunch at the cafe.
Elle ne déjeune pas au café.

We are not having lunch at the cafe.
Nous ne déjeunons pas au café.

We are not going to the cafe.
Nous n'allons pas au café.

I am not going to the cafe.
Je ne vais pas au café.

I am not at the cafe.
Je ne suis pas au café.

You are not at the cafe.
Vous n'êtes pas au café.

You are not having lunch at the cafe.
Vous ne déjeunez pas au café.

Our friends are not having lunch at the cafe.
Nos amis ne déjeunent pas au café.

Our friends are not at the cafe.
Nos amis ne sont pas au café.

My friend is not at the cafe.
Mon ami n'est pas au café.

My friend is not having lunch at the cafe.
Mon ami ne déjeune pas au café.

She is not picking up the suitcases.
Elle ne monte pas les valises.

I am not picking up the suitcases.
Je ne monte pas les valises.

We are not picking the bags up.
Nous ne montons pas les valises.

He is not picking up the bags.
Il ne monte pas les valises.

You are not carrying the bags.
Vous ne portez pas les valises.

She is not carrying the suitcases.
Elle ne porte pas les valises.

We are not closing our suitcases.
Nous ne fermons pas les valises.

I am not closing the bags.
Je ne ferme pas les valises.

You do not have the suitcases.
Vous n'avez pas les valises.

We do not have the suitcases.
Nous n'avons pas les valises.

You are not requesting the suitcases.
Vous ne demandez pas les valises.

He is not asking for the suitcases.
Il ne demande pas les valises.

They arrive at 2 o'clock.
Ils arrivent à 2 heures.

They are not arriving at 2 o'clock.
Ils n'arrivent pas à 2 heures.

I am closing the window.
Je ferme la fenêtre.

I am not closing the window.
Je ne ferme pas la fenêtre.

They are listening to the lesson.
Elles écoutent la leçon.

They are not listening to the lesson.
Elles n'écoutent pas la leçon.

I am returning at midday.
Je rentre à midi.

I am not returning at noon.
Je ne rentre pas à midi.

I am going to the restaurant.
Je vais au restaurant.

I am not going to the restaurant.
Je ne vais pas au restaurant.

He is going to the station.
Il va à la gare.

He is not going to the station.
Il ne va pas à la gare.

I speak French.
Je parle français.

I do not speak French.
Je ne parle pas français.

We are taking the luggage up.
Nous montons les bagages.

We are not taking the luggage up.
Nous ne montons pas les bagages.

We have the luggage.
Nous avons les bagages.

We do not have luggage.
Nous n'avons pas les bagages.

I am carrying the suitcase.
J'apporte la valise.

I am not carrying the suitcase.
Je n'apporte pas la valise.

We are changing rooms.
Nous changeons de chambre.

We are not changing rooms.
Nous ne changeons pas de chambre

I am going into the street.
Je vais dans la rue.

I am not going to the restaurant.
Je vais au restaurant.

He is at the restaurant.
Il est au restaurant.

He is on the train.
Il est dans le train.

We are in the train.
Nous sommes dans le train.

We are in the compartment.
Nous sommes dans le compartiment.

They are in the compartment.
Elles sont dans le compartiment.

They are at the office.
Elles sont au bureau.

He is at the office.
Il est au bureau.

He is in the bathroom.
Il est dans la salle de bains.

I am going to the bathroom.
Je vais dans la salle de bains.

I am going to the station.
Je vais à la gare.

We are going to the station.
Nous allons à la gare.

They are going to the station.
Ils vont à la gare.

They are at the station.
Ils sont à la gare.

They are at the hotel.
Ils sont à l'hôtel.

I am going to the hotel.
Je vais à l'hôtel.

I am going into the street.
Je vais dans la rue.

I am at the restaurant.
Je suis au restaurant.

I am in the restaurant.
Je suis au restaurant.

I am at the station.
Je suis à la gare.

I am at the cafe.
Je suis au café.

I am at the hotel.
Je suis à l'hôtel.

I am at the counter.
Je suis au guichet.

I am at the window.
Je suis à la fenêtre.

He has room 12.
Il a la chambre 12.

He is going into room 12.
Il va dans la chambre 12.

He is going to the first floor.
Il va au premier étage.

He is renting the first floor.
Il loue le premier étage.

He is renting the place.
Il loue la place.

He has the place.
Il a la place.

He has room 14.
Il a la chambre 14.

He is having lunch in room 14.
Il déjeune dans la chambre 14.

He is having lunch in the restaurant.
Il déjeune au restaurant.

He is at the restaurant.
Il est au restaurant.

He is in room 12.
Il est dans la chambre 12.

You are late.
Vous êtes en retard.

Am I late?
Je suis en retard?

I am going to Paris.
Je vais à Paris.

Are you going to Paris?
Vous allez à Paris?

I will go to Paris.
Je vais aller à Paris.

I will go to Pairs.
J'irai à Paris.

I go to Paris tonight.
Je vais à Paris ce soir.

I will go and find my ticket.
Je vais aller chercher mon billet.

I will go and find my tickets.
Je vais aller chercher mes billets.

I will go and find my tickets.
J'irai chercher mes billets.

I will go to the university.
J'irai à l'université.

I will go even further.
J'irai encore plus loin.

I do not know where I will go.
Je ne sais pas où j'irai.

I went to Paris.
Je suis allé à Paris.

I went to bed.
Je suis allé me coucher.

I went to the office.
Je suis allé au bureau.

I was in Paris last week.
J'étais à Paris la semaine dernière.

I was in Paris, on my way back to England.
J'étais à Paris, sur le chemin du retour vers l'Angleterre.

I was on a conference in Paris.
J'étais en conférence à Paris.

I was a student in Paris.
J'étais étudiant à Paris.

You are going too fast.
Vous allez trop vite.

You are going too fast for the translation.
Vous allez trop vite pour la traduction.

You are going a little too fast.
Tu vas un peu trop vite.

You are going to work here your whole life.
Tu vas travailler ici toute ta vie.

You are going to have a lot of fun.
Tu vas avoir beaucoup de plaisir.

You are going to discover the magic of this country.
Tu vas découvrir la magie de ce pays.

You are going to uncover the beauty of this language
Tu vas dévoiler la beauté de cette langue.

You are going to unearth the treasure in this quandary.
Vous allez déterrer le trésor dans ce dilemme.

You are going to find the charm of this village.
Vous allez trouver le charme de ce village.

You are going to find the allure of these people.
Vous allez trouver l'attrait de ces personnes.

We are going from London to Rome.
Nous allons de Londres à Rome.

We are going into the forest.
Nous allons dans la forêt.

They are going to the store.
Ils vont au magasin.

They are going to the supermarket.
Ils vont au supermarché.

They are going to the cafe to eat, and then, straight to bed.
Ils vont au café pour manger et ensuite, directement au lit.

That is why they are going to Germany.
C'est pourquoi ils vont à consacrée l'Allemagne.

They are going to the meeting to vote yes or no.
Ils vont à la rencontre pour voter oui ou non.

She is going to the beach.
Elle va à la plage.

She is going to live in Europe.
Elle va vivre en Europe.

He is going to work at the hotel.
Il va travailler à l'hôtel.

He is going to prison.
Il va en prison.

I have been invited to sing.
J'ai été invité à chanter.

We have been left in the dark.
Nous avons été laissés dans le noir.

You have been informed of your rights.
Vous avez été informé de vos droits.

He has been condemned to death.
Il a été condamné à mort.

She has been very ill for seven months.
Elle a été très malade pendant sept mois.

They have been held in captivity for more than two years.
Ils ont été maintenus en captivité pendant plus de deux ans.

It has been achieved by hard work.
Il a été atteint par un travail acharné.

I was very young.
J'étais très jeune.

I was still very little.
J'étais encore très peu.

I was quite old.
J'étais assez vieux.

I was at your place.
J'étais à votre place.

I was at the bank for three hours.
J'étais à la banque pendant trois heures.

I was happy at the time.
J'étais heureux à l'époque.

I was angry at the time.
J'étais en colère à l'époque.

I was the youngest in the room.
J'étais le plus jeune dans la salle.

We were at the supermarket for a short while.
Nous étions au supermarché pendant une courte période.

We were in a big bedroom.
Nous étions dans une grande chambre.

We were rich, but we didn't know it.
Nous étions riches, mais nous ne le savions pas.

We were in Paris last November.
Nous étions à Paris en novembre dernier.

He was dedicated to his work.
Il a été consacré à son travail.

He was an honest man.
Il était un homme honnête.

He was a brilliant student.
Il était un étudiant brillant.

He was a seducer of women.
Il était un séducteur de femmes.

He was a man of great wisdom.
C'était un homme d'une grande sagesse.

He was an employee at the other company.
Il était un employé à l'autre entreprise.

She was a little unsettled.
Elle était un peu perturbée.

She was a bit alarmed.
Elle était un peu inquiete.

She was a single parent.
Elle était un parent seul.

She was a perfect example.
Elle était un exemple parfait.

She was a little disappointed.
Elle était un peu déçue.

She was the manager.
Elle était le gérant.

She was a very elegant woman.
Elle était une femme très élégante.

She was the only person on the platform.
Elle était la seule personne sur la plateforme.

She was the only person he really loved.
Elle était la seule personne qu'il aimait réellement.

It was easy to start a conversation in private.
Il était facile de démarrer une conversation en privé.

It was parked in the middle of the road.
Il était stationné au milieu de la route.

It was necessary to act as we did.
Il était nécessaire d'agir comme nous l'avons fait.

It was therefore essential to learn quickly.
Il était donc essentiel à apprendre rapidement.

It was necessary to convince all the sceptics.
Il était nécessaire de convaincre tous les sceptiques.

It was difficult to send mail.
Il était difficile d'envoyer du courrier.

They were treated like second-class citizens.
Ils étaient traités comme des citoyens de seconde classe.

They were at the end of a big dining room.
Ils étaient à l'extrémité d'une grande salle à manger.

They were proud of the new house.
Ils étaient fiers de la nouvelle maison.

You are early.
Vous êtes en avance.

Am I early?
Je suis en avance?

I return next week.
Je rentre la semaine prochaine.

I return next month.
Je rentre le mois prochain.

We return next month.
Nous rentrons le mois prochain.

Do you return the following week?
Vous rentrez la semaine prochaine?

I will return next year.
Je rentrerai l'année prochaine.

I will return home in the middle of the afternoon.
Je rentrerai chez moi au milieu de l'après-midi.

At the end of each day, I will return home.
À la fin de la journée, je rentrerai chez moi.

I will return to the office towards the end of September.
Je rentrerai au bureau vers la fin de septembre.

I am going to return to the office towards the end of September.
Je vais retourner au bureau à la fin de Septembre.

I returned home to be with my children.
Je rentrais chez moi pour être avec mes enfants.

After my vacation, I returned to London.
Après mes vacances, je rentrais à Londres.

I returned to school in the spring.
Je rentrais à l'école au printemps.

If someone offered me the money, I would immediately return to Italy.
Si quelqu'un m'offrait de l'argent, je rentrerais immédiatement en Italie.

You arrive at two o'clock.
Vous arrivez à deux heures.

Am I arriving at two o'clock?
J'arrive à deux heures?

I am not satisfied.
Je ne suis pas satisfait.

Are you not satisfied?
Vous n'êtes pas satisfait?

You have the tickets.
Vous avez les billets.

Do I have the tickets?
J'ai les billets?

I speak French.
Je parle français.

Do you speak French?
Vous parlez français?

Here is Janine's friend.
Voilà l'ami de Janine.

Here are Janine's friends.
Voilà les amis de Janine.

It is for Janine's friend.
C'est à l'ami de Janine.

It is for Janine's friends.
C'est aux amis de Janine.

Here is the ticket.
Voilà le billet.

Here are the tickets.
Voilà les billets.

It is for the child.
C'est à l'enfant.

It is for the children.
C'est aux enfants.

Listen to this child.
Ecoutez cet enfant.

Listen to these children.
Ecoutez ces enfants.

Do not read this lesson.
Ne lisez pas cette leçon.

Do not read these lessons.
Ne lisez pas ces leçons.

Here is a file.
Voilà une fiche.

Here are the files.
Voilà des fiches.

Where can I get this file?
Où puis-je prendre cette fiche?

Where can I get these files?
Où puis-je prendre ces fiches?

Here is the departure time.
Voilà l'heure de départ.

Here are the departure times.
Voilà les heures de départ.

I have a French friend.
J'ai un ami français.

I have some French friends.
J'ai des amis français.

Talk to Janine's sister.
Parlez à la sœur de Janine.

Talk to Janine's sisters.
Parlez aux sœurs de Janine.

Would you like the books?
Voulez-vous les livres?

Listen to the sentence.
Ecoutez la phrase.

What does the word mean?
Que veut dire le mot?

I know the lesson.
Je sais la leçon.

The hotel is on the left.
L'hôtel est à gauche.

The hotel is on the left.
L'hôtel est sur la gauche.

The hotel is on the right.
L'hôtel est sur la droite.

The hotel is over there.
L'hôtel est là-bas.

The hotel is behind the statue.
L'hôtel se trouve derrière la statue.

The hotel is in a posh suburb.
L'hôtel se trouve dans une banlieue chic.

The hotel is above the village.
L'hôtel est au-dessus du village.

The hotel is situated 200 metres on the left.
L'hôtel est situé à 200 mètres sur la gauche.

The hotel is situated 300 metres on your right.
L'hôtel est situé à 300 mètres sur votre droite.

The hotel is on the left side of the street.
L'hôtel est sur le côté gauche de la rue.

The hotel is 500 metres to the left, on the same street.
L'hôtel est à 500 mètres à gauche, sur la même rue.

The hotel is in a very quiet area.
L'hôtel se trouve dans un quartier très calme.

The hotel is eight kilometres from the airport.
L'hôtel est à huit kilomètres de l'aéroport.

The hotel is 100 metres from the sea.
L'hôtel se trouve à 100 mètres de la mer.

The hotel is nearby.
L'hôtel est à proximité.

My place is on the corner.
Ma place est dans le coin.

The children are in class.
Les enfants sont en classe.

Close the door, please.
Fermez la porte, s'il vous plaît.

Open the window, please.
Ouvrez la fenêtre, s'il vous plaît.

Sit down on a chair.
Asseyez-vous sur une chaise.

Sit down on that chair.
Asseyez-vous sur cette chaise.

Sit down at the table.
Asseyez-vous à la table.

Sit down here.
Asseyez-vous ici.

Sit down in a comfortable position.
Asseyez-vous dans une position confortable.

Sit quietly for a few minutes.
Asseyez-vous tranquillement pendant quelques minutes.

Sit down by the window.
Asseyez-vous près de la fenêtre.

Sit down beside her.
Asseyez-vous à côté d'elle.

Sit down beside him.
Asseyez-vous à côté de lui.

Sit down beside me.
Asseyez-vous à côté de moi.

Sit down around the table.
Asseyez-vous autour de la table.

Sit down next to the client.
Asseyez-vous à côté du client.

Sit down on the rug.
Asseyez-vous sur le tapis.

Sit down on the bed.
Asseyez-vous sur le lit.

Sit yourself down near the trunk.
Asseyez-vous près de la malle.

This employee always arrives early.
Cet employé arrive toujours en avance.

This employee always arrives late.
Cet employé arrive toujours en retard.

This employee sometimes arrives on time.
Cet employé arrive parfois à temps.

This employee is a senior executive.
Cet employé est un cadre supérieur.

This employee works alone
Cet employé travaille seul.

Does this date suit you?
Cette date vous convient-elle?

Chapter II
Chapitre II

Can I drive you to the station?
Puis-je vous conduire à la gare?

Can I drive you to the hotel?
Puis-je vous conduire à l'hôtel?

Can I drive in France?
Puis-je conduire en France?

Can I take you to the station?
Puis-je vous prendre à la gare?

Can I send you my application?
Puis-je vous envoyer ma demande?

Can I ask you to speak a little more slowly?
Puis-je vous demander de parler un peu plus lentement?

Can I request that you not use my personal information?
Puis-je vous demander de ne pas utiliser mes renseignements personnels?

How can I thank you?
Comment puis-je vous remercier?

This coffee is too strong.
Ce café est trop fort.

This coffee is not strong enough.
Ce café n'est pas assez fort.

This coffee is grown in Africa.
Ce café est cultivé en Afrique.

This coffee is decaffeinated.
Ce café est décaféiné.

I drink too much coffee.
Je bois trop de café.

I drink too much alcohol.
Je bois trop d'alcool.

I do not drink alcohol.
Je ne bois pas d'alcool.

I drink much too much beer.
Je bois beaucoup trop de bière.

I want to go to the supermarket.
Je veux aller au supermarché.

I want to buy some fruit and vegetables.
Je veux acheter des fruits et des légumes.

I want to go to the library.
Je veux aller à la bibliothèque.

I want to read the newspaper.
Je veux lire le journal.

I want to go to the bookstore.
Je veux aller à la librairie.

I want to buy a book.
Je veux acheter un livre.

I want to go to the bus station.
Je veux aller à la station de bus.

I want to go to bus stop.
Je veux aller à l'arrêt de bus.

I want to go to the train station.
Je veux aller à la gare.

I want to go to Paris.
Je veux aller à Paris.

I want to go to another school.
Je veux aller dans une autre école.

I want to go and see it.
Je veux aller le voir.

Which station do I go to, in order to take the train to Lille?
A quelle gare dois-je aller pour prendre le train pour Lille?

What do you want?
Que voulez-vous?

What do you want to do?
Que voulez-vous faire?

What do you want for lunch?
Que voulez-vous pour le déjeuner?

What do you want for Christmas?
Que voulez-vous pour Noël?

What do you mean?
Que voulez-vous dire?

What do you want to say?
Que voulez-vous dire?

Why are you changing classes next month?
Pourquoi changez-vous de classe le mois prochain?

He wants to get a platform ticket to meet the children.
Il veut prendre un ticket de quai pour l'arrivée des enfants.

I would like some bread.
Je voudrais du pain.

I would like some meat.
Je voudrais de la viande.

I would like some cheese.
Je voudrais du fromage.

I would like some aspirin.
Je voudrais de l'aspirine.

I would like some butter.
Je voudrais du beurre.

I would like some coffee.
Je voudrais du café.

Where can I find some milk?
Où trouve-t-on du lait?

Where can one find some eggs?
Où trouve-t-on des œufs?

Where is the sugar?
Où trouve-t-on du sucre?

Where can I get some salad?
Où trouve-t-on de la salade?

Where is the fruit?
Où trouve-t-on des fruits?

The medicines are expensive.
Les médicaments sont chers.

The clothes are expensive.
Les vêtements sont chers.

The jewellery is expensive.
Les bijoux sont chers.

The coats are expensive.
Les manteaux sont chers.

The dresses are expensive.
Les robes sont chères.

The costumes are expensive.
Les costumes sont chers.

Where is the laundry?
Où est le linge?

Where is the sugar?
Où est le sucre?

Where is the meat?
Où est la viande?

Where is the aspirin?
Où est l'aspirine?

Where is the salad?
Où est la salade?

They are at the pharmacy.
Ils sont à la pharmacie.

They are at the butcher shop.
Ils sont à la boucherie.

They are at the bakery.
Ils sont à la boulangerie.

They are at the ice-cream shop.
Ils sont à la crèmerie.

They are at the bakery.
Ils sont à la pâtisserie.

They are at the jewellery boutique.
Ils sont à la bijouterie.

They are at the laundry.
Ils sont à la blanchisserie.

They are at the dry cleaners.
Ils sont à la teinturerie.

They are at the grocery store.
Ils sont à l'épicerie.

Do you know what time the stores close?
Savez-vous à quelle heure ferment les magasins?

Do you know what time the train departs?
Savez-vous à quelle heure part le train?

Do you know what time they arrive?
Savez-vous à quelle heure ils arrivent?

Do you know what time the offices close?
Savez-vous à quelle heure ferment les bureaux?

Do you know what time I can commence?
Savez-vous à quelle heure je peux commencer?

Do you know what time he should arrive?
Savez-vous à quelle heure il doit arriver?

Do you know what time he will come?
Savez-vous à quelle heure il va venir?

Do you know what time I take the train?
Savez-vous à quelle heure je prends le train?

Do you know what time the stores close?
Savez-vous à quelle heure ferment les magasins?

I think they close at six o'clock.
Je crois qu'ils ferment à six heures.

I think they arrive at eight o'clock.
Je crois qu'ils arrivent à huit heures.

I think they have seats.
Je crois qu'ils ont des places.

I think she takes the train.
Je crois qu'elle prend le train.

I think he is on vacation.
Je crois qu'il est en vacances.

I think he takes a taxi.
Je crois qu'il prend un taxi.

I believe the taxi is free.
Je crois que le taxi est libre.

I think I am going into town.
Je crois que je vais en ville.

I believe it is all that remains.
Je crois que c'est tout ce qui reste.

I think we rented the first floor.
Je crois qu'on loue au premier étage.

I think they close at 6 o'clock.
Je crois qu'ils ferment à 6 heures.

If I take a taxi, I will arrive on time.
Si je prends un taxi, j'arriverai à temps.

If I take a taxi, I will arrive on time.
Si je prends un taxi, j'arriverai à l'heure.

If I take a taxi, I will arrive at nine o'clock.
Si je prends un taxi, j'arriverai à neuf heures.

If I take a taxi, I will arrive at midday.
Si je prends un taxi, j'arriverai à midi.

If I take a taxi, I will arrive early.
Si je prends un taxi, j'arriverai en avance.

If I take a taxi, I will arrive at five o'clock.
Si je prends un taxi, j'arriverai à cinq heures.

If I take a taxi, I will arrive at six o'clock.
Si je prends un taxi, j'arriverai à six heures.

If I take a taxi, I will arrive right on time.
Si je prends un taxi, j'arriverai à temps.

Do you want me to drop you somewhere?
Voulez-vous que je vous dépose quelque part?

Do you want me to drop you off at the store?
Voulez-vous que je vous dépose au magasin?

Do you want me to drop you off at home?
Voulez-vous que je vous dépose chez vous?

Do you want me to drop you off at the station?
Voulez-vous que je vous dépose à la gare?

Do you want me to drop you off at the hotel?
Voulez-vous que je vous dépose à l'hôtel?

Do you want me to drop you off at the restaurant?
Voulez-vous que je vous dépose au restaurant?

Do you want me to drop you off at the pharmacy?
Voulez-vous que je vous dépose à la pharmacie?

Do you want me to drop you off somewhere?
Voulez-vous que je vous dépose quelque part?

Oh! I would not want to trouble you.
Oh! Je ne voudrais pas vous déranger.

Oh! I am not going to trouble you.
Oh! Je ne vais pas vous déranger.

Oh! It would not trouble you.
Oh! Il ne voudrait pas vous déranger.

Oh! He will not bother you.
Oh! Il ne va pas vous déranger.

Oh! We are not going to bother you.
Oh! Nous n'allons pas vous déranger.

Oh! She would not bother you.
Oh! Elle ne voudrait pas vous déranger.

Oh! She will not bother you.
Oh! Elle ne va pas vous déranger.

I just have to go to town.
Je dois justement aller en ville.

We are just going to town.
Nous allons justement aller en ville.

He is just going into town.
Il va justement aller en ville.

I just go to town by myself.
Me doit justement aller en ville.

I would just be going to town.
Je voudrais justement aller en ville.

I just hope to get into town.
J'espère justement aller en ville.

I will just be going into town.
Je vais justement aller en ville.

Then, I gladly accept.
Alors, j'accepte volontiers.

Then, I go willingly.
Alors, je pars volontiers.

Then, we gladly accept.
Alors, nous acceptons volontiers.

So, I return willingly.
Alors, je rentre volontiers.

Hence, we listen willingly.
Alors, nous écoutons volontiers.

Hence, they willingly accept.
Alors, ils acceptent volontiers.

Therefore, I listen willingly.
Alors, j'écoute volontiers.

I am therefore happy to accept.
Alors, j'accepte volontiers.

This is exactly what I need. Give me four of them.
C'est exactement ce qu'il me faut. Donnez-m'en quatre.

This is exactly what I need. Find me four of them.
C'est exactement ce qu'il me faut. Trouvez-m'en quatre.

This is exactly what I want. Bring me two of them.
C'est exactement ce qu'il me faut. Apportez-m'en deux.

This is exactly what I need. Buy me three of them.
C'est exactement ce qu'il me faut. Achetez-m'en trois.

This is exactly what I need. Carry me up five of them.
C'est exactement ce qu'il me faut. Montez-m'en cinq.

This is exactly what I need. Give me several of them.
C'est exactement ce qu'il me faut. Donnez m'en plusieurs.

This is exactly what I want. Purchase four of them for me.
C'est exactement ce qu'il me faut. Achetez-m'en quatre.

This is exactly what I need. Get me four of them.
C'est exactement ce qu'il me faut. Donnez-m'en quatre.

I would also like to buy some shoes.
Je voudrais aussi acheter des chaussures.

I would also like to find a taxi.
Je voudrais aussi trouver un taxi.

I also want to find my friend.
Je voudrais aussi trouver mon ami.

I would also like try this outfit on.
Je voudrais aussi essayer ce costume.

I would like to introduce my friend.
Je voudrais aussi présenter mon ami.

I also want to thank my friends.
Je voudrais aussi remercier mes amis.

I would also like to retain my seat.
Je voudrais aussi retenir mes places.

I would like to start later on.
Je voudrais aussi commencer plus tard.

I would like to change rooms.
Je voudrais aussi changer de chambre.

I also want to purchase some shoes.
Je voudrais aussi acheter des chaussures.

Here are three models in brown.
Voici trois modèles en marron.

Here are two styles in brown
Voici deux modèles en marron

Here are several designs in brown.
Voici plusieurs modèles en marron.

Here are some examples in brown.
Voici quelques modèles en marron.

Here is a design in brown.
Voici un modèle en marron.

Here are some designs in brown.
Voici des modèles en marron.

Here is the model in brown.
Voici le modèle en marron.

Here are the models in brown.
Voici les modèles en marron.

Here are three models in brown.
Voici trois modèles en marron.

Do you want to try them?
Voulez-vous les essayer?

Do you want to take them?
Voulez-vous les prendre?

Do you want to follow them?
Voulez-vous les suivre?

Do you want to bring them?
Voulez-vous les apporter?

Would you listen to them?
Voulez-vous les écouter?

Do you want to apologize to them?
Voulez-vous les excuser?

Would you wake them up?
Voulez-vous les réveiller?

Do you want to introduce them?
Voulez-vous les présenter?

Do you want to repair them?
Voulez-vous les réparer?

Do you want to try them on?
Voulez-vous les essayer?

I believe they close at six o'clock.
Je crois qu'ils ferment à six heures.

I think he leaves at six o'clock.
Je crois qu'il part à six heures.

I think it departs at noon.
Je crois qu'il part à midi.

I think we are having lunch at twelve.
Je crois qu'on déjeune à midi.

I think we are having lunch at two o'clock.
Je crois qu'on déjeune à deux heures.

I think they are arriving at two o'clock.
Je crois qu'ils arrivent à deux heures.

I believe they are turning up at ten o'clock.
Je crois qu'ils arrivent à dix heures.

I think that you are leaving at ten o'clock.
Je crois que vous partez à dix heures.

I think that you depart at three o'clock.
Je crois que vous partez à trois heures.

I think that I will arrive at three o'clock.
Je crois que j'arriverai à trois heures.

I think that he will arrive at six o'clock.
Je crois que j'arriverai à six heures.

I think that they close at six o'clock.
Je crois qu'ils ferment à six heures.

Actually, I have to go to town.
Je dois justement aller en ville.

As a matter of fact, I have to get the tickets.
Je dois justement prendre les billets.

We are just going to get the tickets.
Nous allons justement prendre les billets.

We are just going to have lunch with them.
Nous allons justement déjeuner avec eux.

I just hope to have lunch with them.
J'espère justement déjeuner avec eux.

I only hope I can talk to my friend.
J'espère justement parler à mon ami.

In fact, he needs to talk to my friend.
Il doit justement parler à mon ami.

Actually, I have to reserve the seats.
Il doit justement retenir les places.

I just have to reserve the seats.
Je dois justement retenir les places.

I really need to go to town.
Je dois justement aller en ville.

This is precisely what I need.
C'est exactement ce qu'il me faut.

That is exactly what I need.
Voilà exactement ce qu'il me faut.

This is all that remains.
Voilà exactement ce qu'il reste.

I can see precisely what is leftover.
Je vois exactement ce qu'il reste.

I know exactly what you want.
Je vois exactement ce que vous voulez.

We have exactly what you want.
Nous avons exactement ce que vous voulez.

We have exactly what you are asking.
Nous avons exactement ce que vous demandez.

That is exactly what you are requesting.
Voilà exactement ce que vous demandez.

This is exactly what I need.
Voilà exactement ce qu'il me faut.

This is just what I need.
C'est exactement ce qu'il me faut.

The shoe department is on the ground floor.
Le rayon des chaussures est au rez-de-chaussée.

The information desk is on the ground floor.
Le bureau de renseignements est au rez-de-chaussée.

The information desk is opposite.
Le bureau de renseignements est en face.

The Café de Paris is opposite.
Le Café de Paris est en face.

The Café de Paris is near here.
Le Café de Paris est près d'ici.

The Hotel du Midi is close by.
L'Hôtel du Midi est près d'ici.

The Hotel du Midi is there.
L'Hôtel du Midi est là-bas.

Window 12 is there.
Le guichet 12 est là-bas.

The window 12 is here.
Le guichet 12 est par ici.

The shoe department is here.
Le rayon des chaussures est par ici.

We sell a lot of them.
Nous en vendons beaucoup.

They have a lot of them.
Ils en ont beaucoup.

They have several of them.
Ils en ont plusieurs.

We are providing several of them.
Nous en donnons plusieurs.

We are giving away five of them.
Nous en donnons cinq.

They are making five of them.
Ils en font cinq.

They are making twelve of them.
Ils en font douze.

We have twelve of them.
Nous en avons douze.

We have a lot of them.
Nous en avons beaucoup.

We sell a lot of them.
Nous en vendons beaucoup.

Give me four of them.
Donnez-m'en quatre.

Bring me four of them.
Apportez-m'en quatre.

Get me two of them.
Apportez-m'en deux.

Find me in two of them.
Trouvez-m'en deux.

Find me six.
Trouvez-m'en six.

Sell me six of them.
Vendez-m'en six.

Sell me three.
Vendez-m'en trois.

Buy me three of them.
Achetez-m'en trois.

Purchase four of them for me.
Achetez-m'en quatre.

Give me four.
Donnez-m'en quatre.

Do you want to try them?
Voulez-vous les essayer?

Are you going to try them?
Allez-vous les essayer?

Are you going to wake them up?
Allez-vous les réveiller?

Can I wake them up?
Puis-je les réveiller?

Can I clean them?
Puis-je les nettoyer?

Are we going to clean them?
Allons-nous les nettoyer?

Are we going to accept them?
Allons-nous les accepter?

Will you accept them?
Va-t-on les accepter?

Will you try them?
Va-t-on les essayer?

Do you want to try them?
Voulez-vous les essayer?

I also have to find a taxi.
Je dois aussi trouver un taxi.

We must also find a taxi.
Il faut aussi trouver un taxi.

It is also necessary to change rooms.
Il faut aussi changer de chambre.

We also hope to change rooms.
Nous espérons aussi changer de chambre.

We also hope to return next week.
Nous espérons aussi rentrer la semaine prochaine.

I would also like to return next week.
Je voudrais aussi rentrer la semaine prochaine.

I would also like to buy some shoes.
Je voudrais aussi acheter des chaussures.

Where are Mr Dupré and Mr Petit?
Où sont Monsieur Dupré et Monsieur Petit?

Mr Dupré and Monsieur Petit are in their office.
Monsieur Dupré et Monsieur Petit sont dans leur bureau.

Where must Mr Dupré he go?
Où Monsieur Dupré doit-il aller?

He has to go into town.
Il doit aller en ville.

At what time do the stores close?
A quelle heure les magasins ferment-ils?

They close at six o'clock.
Ils ferment à six heures.

Why does Mr Dupré want to take a taxi?
Pourquoi Monsieur Dupré veut-il prendre un taxi?

To arrive on time.
Pour arriver à temps.

Where should Mr Petit go?
Où Monsieur Petit doit-il aller?

He needs to go to town.
Il doit aller en ville.

With whom is Mr Dupré going in town?
Avec qui Monsieur Dupré va-t-il en ville?

He is going into town with Mr Petit.
Il va en ville avec Monsieur Petit.

Is Mr Dupré going to take a taxi?
Monsieur Dupré va-t-il prendre un taxi?

Mr Petit is going to drop off Mr Dupré in town.
Monsieur Petit va déposer Monsieur Dupré en ville.

Mr Dupré would like some green shirts?
Monsieur Dupré voudrait-il des chemises vertes?

No, he wants some white shirts.
Non, il voudrait des chemises blanches.

How many shirts does he want?
Combien de chemises veut-il?

He wants four shirts.
Il veut quatre chemises.

Are they on sale?
Sont-elles en solde?

Yes, they are on sale.
Oui, elles sont en solde.

How much do they cost?
Combien coûtent-elles?

They cost fifteen euros.
Elles coûtent quinze euros.

Does he own many shirts?
Est-ce qu'il possède beaucoup de chemises?

No, he has one red shirt and one blue shirt.
Non, il a une chemise rouge et une chemise bleue.

Will Mr Dupré buy some shirts?
Monsieur Dupré va-t-il acheter des chemises?

Yes, he is going to buy shirts.
Oui, il va acheter des chemises.

How many shirts will he buy?
Combien de chemises va-t-il acheter?

He will buy four shirts.
Il va acheter quatre chemises.

Would he like something else?
Voudrait-il autre chose?

Yes, he would also like to buy some shoes.
Oui, il voudrait aussi acheter des chaussures.

Where is your suitcase?
Où est votre valise?

Where is their sister?
Où est leur sœur?

Where is your brother?
Où est votre frère?

Where is their brother?
Où est leur frère?

Where is your sister?
Où est votre sœur?

Where is their suitcase?
Où est leur valise?

Where is our suitcase?
Où est notre valise?

Where is their compartment?
Où est leur compartiment?

Where is our compartment?
Où est notre compartiment?

Where is their hotel?
Où est leur hôtel?

Where is our money?
Où est notre monnaie?

Where is their friend?
Où est leur ami?

Where is our trunk?
Où est notre malle?

Where is their trunk?
Où est leur malle?

Where is our taxi?
Où est notre taxi?

Where is their office?
Où est leur bureau?

They are with my sister.
Ils sont avec ma sœur.

They are with his sister.
Ils sont avec sa sœur.

They are with my brother.
Ils sont avec mon frère.

They are with his brother.
Ils sont avec son frère.

They are with my sisters.
Ils sont avec mes sœurs.

They are with her sisters.
Ils sont avec ses sœurs.

Your bags are white.
Vos valises sont blanches.

Your bag is white.
Votre valise est blanche.

My suitcases are at the station.
Mes valises sont à la gare.

My suitcase is at the station.
Ma valise est à la gare.

His bags are green.
Ses valises sont vertes.

His bag is green.
Sa valise est verte.

Their suitcases are expensive.
Leurs valises sont chères.

Their case is expensive.
Leur valise est chère.

Our children are on vacation.
Nos enfants sont en vacances.

Our child is on vacation.
Notre enfant est en vacances.

Your friends are here.
Vos amis sont ici.

Your friend is here.
Votre ami est ici.

His friends are French.
Ses amis sont français.

His friend is French.
Son ami est français.

Their friends are at the hotel.
Leurs amis sont à l'hôtel.

Their friend is at the hotel.
Leur ami est à l'hôtel.

Do you have your books?
Vous avez vos livres?

Yes, I have my books.
Oui, j'ai mes livres.

Do you have your file?
Vous avez votre fiche?

Yes, I have my file.
Oui, j'ai ma fiche.

Do you have your seat?
Vous avez votre place?

Yes, I have my seat.
Oui, j'ai ma place.

Do you have your bags?
Vous avez vos valises?

Yes, I have my bags.
Oui, j'ai mes valises.

Do you have your platform ticket?
Vous avez votre ticket de quai?

Yes, I have my platform ticket.
Oui, j'ai mon ticket de quai.

Do you have your book?
Vous avez votre livre?

Yes, I have my book.
Oui, j'ai mon livre.

Do you have your luggage?
Vous avez vos bagages?

Yes, I have my luggage.
Oui, j'ai mes bagages.

Janine's mother is in Paris.
La mère de Janine est à Paris.

Janine's father is at the office.
Le père de Janine est au bureau.

Janine's sisters are on vacation.
Les sœurs de Janine sont en vacances.

My friends' daughter is on vacation.
La fille de mes amis est en vacances.

My friends' son is on vacation.
Les fils de mes amis sont en vacances.

The son's friend is here.
L'ami de mes fils est ici.

My daughter's friend is here.
L'ami de mes filles est ici.

My daughter's friends are here.
Les amis de ma fille sont ici.

My son's friends are in Paris.
Les amis de mon fils sont à Paris.

Janine's friend is here.
L'ami de Janine est ici.

My brother's friend is in Lille.
L'ami de mon frère est à Lille.

My father's room is on the first floor.
La chambre de mon père est au premier étage.

My sister's room is on the left.
La chambre de ma sœur est à gauche.

My friend's room is on the left.
La chambre de mon ami est à gauche.

My brothers' rooms are on the first floor.
Les chambres de mes frères sont au premier étage.

I have room six; it is my room.
J'ai la chambre six; c'est ma chambre.

He has room seven; it is his room.
Il a la chambre sept; c'est sa chambre.

We have room eight; it is our room.
Nous avons la chambre huit; c'est notre chambre.

They have room nine; it is their room.
Ils ont la chambre neuf; c'est leur chambre.

She has room five; it is her room.
Elle a la chambre cinq; c'est sa chambre.

They have bedroom four; it is their room.
Elles ont la chambre quatre; c'est leur chambre.

Your room is number three; this is your room.
Vous avez la chambre trois; c'est votre chambre.

Your and your friend's suitcases are here.
Votre valise et la valise de votre ami sont ici.

Your bags are here.
Vos valises sont ici.

Your friend's taxi is here.
Le taxi de votre ami est ici.

His taxi is here.
Son taxi est ici.

Take a taxi to the airport.
Prenez un taxi à l'aéroport.

Put her in the taxi.
Mettez-la dans le taxi.

You can take a taxi or rent a car.
Vous pouvez prendre un taxi ou louer une voiture.

They can take a taxi or hire a car.
Ils peuvent prendre un taxi ou louer une voiture.

She can also take a taxi.
Elle peut aussi prendre un taxi.

We can take a taxi.
Nous pouvons prendre un taxi.

I can take a taxi.
Je peux prendre un taxi.

I can even take a taxi.
Je ne peux même prendre un taxi.

I cannot take a taxi.
Je ne peux pas prendre un taxi.

I will take a taxi.
Je vais prendre un taxi.

I am going to take a taxi.
Je vais prendre un taxi.

I take a taxi tonight.
Je prends un taxi ce soir.

I will take a taxi.
Je pourrai un taxi.

I could not take a taxi.
Je ne pouvais pas prendre un taxi.

He could not take a bicycle.
Il ne pouvait pas prendre un vélo.

We could not take a bus.
Nous ne pouvions pas prendre un bus.

They could not take a car.
Ils ne pouvaient pas prendre une voiture.

I took a taxi to the party.
J'ai pris un taxi à la fête.

I took a taxi this morning.
J'ai pris un taxi ce matin.

I took a taxi to work.
J'ai pris un taxi pour travailler.

We took a taxi.
Nous avons pris un taxi.

He took a taxi.
Il a pris un taxi.

She took a taxi with a friend.
Elle a pris un taxi avec un ami.

They took a taxi instead of a bus.
Ils ont pris un taxi au lieu d'un bus.

Take a bus instead of a taxi.
Prenez un bus au lieu d'un taxi.

I could not take a taxi to school.
Je ne pouvais pas prendre un taxi à l'école.

He could not ride a bicycle in the rain.
Il ne pouvait pas faire du vélo sous la pluie.

We could not take a bus on Monday or Wednesday.
Nous ne pouvions pas prendre un bus le lundi ou le mercredi.

They could not take a car to work.
Ils ne pouvaient pas prendre une voiture pour aller travailler.

I took a taxi to the party.
J'ai pris un taxi à la fête.

I took a taxi this morning.
J'ai pris un taxi ce matin.

Once, I took a taxi with a work colleague.
Une fois, j'ai pris un taxi avec un collègue de travail.

I took a taxi to work on Tuesday.
J'ai pris un taxi à travailler mardi.

We took a taxi.
Nous avons pris un taxi.

He took a taxi.
Il a pris un taxi.

She took a taxi with a friend.
Elle a pris un taxi avec un ami.

They took a taxi instead of a bus.
Ils ont pris un taxi au lieu d'un bus.

Take a bus instead of a taxi.
Prendre un bus au lieu d'un taxi.

I could take a taxi.
Je pourrais prendre un taxi.

I might take a taxi.
Je pourrais prendre un taxi.

If I had the money, I could take a taxi.
Si j'avais l'argent, je pourrais prendre un taxi.

If I had the money, I would take a taxi.
Si j'avais l'argent, je voudrais prendre un taxi.

I need a taxi.
J'ai besoin d'un taxi.

I had to take a taxi.
Je devais prendre un taxi.

I had to take a plane.
Je devais prendre un avion.

I had to take a plane to Berlin.
Je devais prendre un avion pour Berlin.

I had to catch a flight to Rome.
Je devais prendre un vol pour Rome.

I had to take the bus every weekend.
Je devais prendre le bus chaque fin de semaine.

I had to make an important decision.
Je devais prendre une décision importante.

I had to take an important decision.
Je devais prendre une décision importante.

My parents' luggage arrive tonight.
Les bagages de mes parents arrivent ce soir.

Their baggage arrives tonight.
Leurs bagages arrivent ce soir.

My and my brother's rooms are on the first floor.
La chambre de mon frère et ma chambre sont au premier étage.

Our rooms are on the first floor.
Nos chambres sont au premier étage.

The bag of your friend is in the next compartment.
La valise de votre ami est dans le compartiment à côté.

His suitcase is in the adjoining compartment.
Sa valise est dans le compartiment à côté.

I have a ticket.
J'ai un billet.

Do you have a ticket?
Avez-vous un billet?

I have a ticket for the match.
J'ai un billet pour le match.

I have a ticket for the season.
J'ai un billet pour la saison.

I have an airplane ticket.
J'ai un billet d'avion.

I have an airplane ticket for you.
J'ai un billet d'avion pour vous.

Do you have an airplane ticket?
Avez-vous un billet d'avion?

Do you have an e-ticket?
Avez-vous un billet électronique?

I have a ticket to go to Athens.
J'ai un billet pour aller à Athènes.

I am purchasing a ticket.
J'achète un billet.

I have purchased a ticket.
J'ai acheté un billet.

I purchased a ticket.
J'achetai un billet.

I purchased a ticket to the match.
J'achetai un billet pour le match.

I purchased two computers and one mobile phone.
J'achetai deux ordinateurs et un téléphone mobile.

I purchased a litre of milk.
J'achetai un litre de lait.

I purchased a loaf of bread.
J'achetai une miche de pain.

I purchased a piece of fresh fruit.
J'achetai un morceau de fruit frais.

I bought a bunch of flowers.
J'achetai un bouquet de fleurs.

I bought a house.
J'achetai une maison.

I bought a present for the family.
J'achetai un cadeau pour la famille.

I purchased a monthly ticket.
J'achetais un billet mensuel.

I used to purchase a one-way ticket.
J'achetais un billet aller simple.

I used to purchase a return ticket.
J'achetais un billet de retour.

I used to purchase a ticket in economy class.
J'achetais un billet en classe économique.

I used to purchase a single ticket.
J'achetais un seul billet.

I used to purchase a single ticket.
J'avais l'habitude d'acheter un seul billet.

I have purchased a ticket with my credit card.
J'ai acheté un billet avec ma carte de crédit.

I have purchased a ticket online.
J'ai acheté un billet en ligne.

I will purchase a ticket.
Je vais acheter un billet.

I will purchase a ticket tomorrow.
Je vais acheter un billet demain.

I will buy you a new computer.
Je vous achèterai un nouvel ordinateur.

I will buy some cheese and a cake.
J'achèterai du fromage et un gâteau.

I will not buy anything over the internet.
Je n'achèterai pas n'importe quoi sur l'internet.

I will never buy a lottery ticket.
Je n'achèterai jamais acheter un billet de loterie.

I will purchase it again.
Je l'achèterai à nouveau.

I will buy myself a scooter.
Je m'achèterai un scooter.

I would not buy this apartment.
Je n'achèterais pas cet appartement.

I would buy myself a house.
Je m'achèterais une maison.

We buy a lot of ice-cream.
Nous achetons beaucoup de crème glacée.

You buy a little yoghurt.
Vous achetez un peu de yaourt.

She buys petrol for the car.
Elle achète de l'essence pour la voiture.

They buy wood for the stove.
Ils achètent le bois pour le poêle.

They were buying and selling illegal goods.
Ils achetaient et vendaient des marchandises illégales.

They were buying antique furniture for a new business.
Ils achetaient des meubles anciens pour une nouvelle entreprise.

They are buying antique furniture at the market on Saturday morning.
Ils achètent des meubles anciens au marché le samedi matin.

They will buy antique furniture at the auction.
Ils vont acheter des meubles anciens à la vente aux enchères.

I purchased a bed last week.
J'achetai un lit la semaine dernière.

They purchased a new table today.
Ils achetèrent une nouvelle table aujourd'hui.

I have your friend's ticket.
J'ai le billet de votre ami.

Do you have his ticket?
Vous avez son billet?

Do you have my ticket?
Vous avez mon billet?

I have your ticket.
J'ai votre billet.

Do you have your ticket?
Vous avez votre billet?

I have my ticket.
J'ai mon billet.

I have my suitcase.
J'ai ma valise.

Do you have your suitcase?
Vous avez votre valise?

I have your sister's trunk.
J'ai la valise de votre sœur.

Do you have her suitcase?
Avez-vous sa valise?

Do you have her ticket?
Avez-vous son billet?

Do you have his suitcase?
Avez-vous sa valise?

Do you have his ticket?
Avez-vous son billet?

I do not have my luggage.
Je n'ai pas mes bagages.

It was not his luggage.
Il n'a pas ses bagages.

We do not have our luggage.
Nous n'avons pas nos bagages.

You do not have your luggage.
Vous n'avez pas vos bagages.

They do not have their luggage.
Ils n'ont pas leurs bagages.

She does not have her luggage.
Elle n'a pas ses bagages.

I do not have my luggage.
Je n'ai pas mes bagages.

They do not have their luggage.
Elles n'ont pas leurs bagages.

Do you have your luggage?
Vous avez vos bagages?

Yes, I have my luggage.
Oui, j'ai mes bagages.

Do they have their luggage?
Ils ont leurs bagages?

Yes, they have their luggage.
Oui, ils ont leurs bagages.

Is my suitcase is on the first floor?
Ma valise est au premier étage?

Yes, your bag is on the first floor.
Oui, votre valise est au premier étage.

Do you have your friend's ticket?
Vous avez le billet de votre ami?

Yes, I have his ticket.
Oui, j'ai son billet.

Is this your friend's room?
C'est la chambre de votre ami?

Yes, it is her room.
Oui, c'est sa chambre.

Does your friend have your ticket?
Votre ami a-t-il votre billet?

Yes, he has my ticket.
Oui, il a mon billet.

Does Janine have the children's suitcase?
Janine a-t-elle la valise des enfants?

Yes, she has their suitcase.
Oui, elle a leur valise.

Do we have the children's tickets?
A-t-on les billets des enfants?

Yes, we have their tickets.
Oui, on a leurs billets.

Do you have your book?
Vous avez votre livre?

Yes, I have my book.
Oui, j'ai mon livre.

Do you have my books?
Vous avez mes livres?

Yes, I have your books.
Oui, j'ai vos livres.

Our suitcases are here.
Nos valises sont ici.

Our suitcase is over there.
Notre valise est là-bas.

Your friends are over there.
Vos amis sont là-bas.

Your friend is late.
Votre ami est en retard.

My brothers are late.
Mes frères sont en retard.

My brother is on vacation.
Mon frère est en vacances.

Their children are on vacation.
Leurs enfants sont en vacances.

Their child is over there.
Leur enfant est là-bas.

Your sisters are over there.
Vos sœurs sont là-bas.

Your sister is here.
Votre sœur est ici.

Our suitcases are here.
Nos valises sont ici.

Chapter III
Chapitre III

I am going to France.
Je vais en France.

I was going to France.
J'allais en France.

I went to France.
Je suis allé en France.

I will go to France.
Je vais aller en France.

I will go to France.
J'irai en France.

I will go to the gym for several hours a day.
J'irai à la gym pendant plusieurs heures par jour.

I will go to the gym four times a week.
J'irai à la gym quatre fois par semaine.

I would go to France, but I am broke.
J'irais en France, mais je suis fauché.

I travelled to France every year.
Je voyageais en France chaque année.

I visited the Eiffel Tower every day.
J'visitais la Tour Eiffel chaque jour.

I visited the Eiffel Tower every day.
J'visitais la Tour Eiffel tous les jours.

I visited the coffee shop day and night.
J'visitais le jour et la nuit de café.

I visited the coffee shop regularly.
J'visitais le café régulièrement.

I often visited the coffee shop.
J'visitais souvent le café.

I always visited the coffee shop.
J'visitais toujours le café.

I travelled in Germany last year.
J'ai voyagé en Allemagne l'année dernière.

I visited the Brandenburg Gate two times.
J'ai visité la Porte de Brandebourg à deux reprises.

I visited the Brandenburg Gate last Sunday.
J'ai visité la Porte de Brandebourg, dimanche dernier.

I visited the coffee shop yesterday.
J'ai visité le café hier.

I visited the coffee shop once.
J'ai visité le café une fois.

I used to like swimming.
J'aimais la natation.

I used to like to dance.
J'aimais danser.

I used to enjoy eating.
J'aimais manger.

I used to like pumpkin.
J'aimais la citrouille.

I used to like movies.
J'aimais les films.

I was scared of snakes.
J'avais peur des serpents.

I liked pumpkin for the first time.
J'ai aimé la citrouille pour la première fois.

All of a sudden, I enjoyed the film.
Tout d'un coup, j'ai apprécié le film.

I was scared when I saw the snake.
J'ai eu peur quand j'ai vu le serpent.

I was at the office when my friend called.
J'étais au bureau quand mon ami m'a appelé.

I was at the pub when my friend showed up.
J'étais au pub quand mon ami est arrivé.

I was at the camel races when I lost it.
J'étais aux courses de chameaux quand je l'ai perdu.

I was travelling in Spain when I saw it.
Je voyageais en Espagne quand je l'ai vu.

I was working in Belgium when I found it.
Je travaillais en Belgique quand je l'ai trouvé.

I was living in Germany when I lost it.
Je vivais en Allemagne, quand je l'ai perdu.

We travelled to France every year.
Nous voyagions en France chaque année.

We visited the Eiffel Tower every day.
Nous visitions la Tour Eiffel chaque jour.

We visited the Eiffel Tower every day.
Nous visitions la Tour Eiffel tous les jours.

We visited the coffee shop day and night.
Nous visitions le jour et la nuit de café.

We visited the coffee shop regularly.
Nous visitions le café régulièrement.

We often visited the coffee shop.
Nous visitions souvent le café.

We always visited the coffee shop.
Nous visitions toujours le café.

We travelled in Germany last year.
Nous avons voyagé en Allemagne l'année dernière.

We visited the Brandenburg Gate two times.
Nous avons visité la Porte de Brandebourg à deux reprises.

We visited the Brandenburg Gate last Sunday.
Nous avons visité la Porte de Brandebourg, dimanche dernier.

We visited the coffee shop yesterday.
Nous avons visité le café hier.

We visited the coffee shop once.
Nous avons visité le café une fois.

We used to like pumpkin.
Nous aimions la citrouille.

She used to like movies.
Elle aimait les films.

He was scared of snakes.
Il avait peur des serpents.

They were scared of the dark.
Ils avaient peur de l'obscurité.

We liked pumpkin for the first time.
Nous avons aimé la citrouille pour la première fois.

All of a sudden, we enjoyed the film.
Tout d'un coup, nous avons apprécié le film.

We were at the office when our friend called.
Nous étions au bureau quand notre ami a appelé.

We were at the pub when our friend showed up.
Nous étions à la pub quand notre ami est arrivé.

We were at the camel races when we lost it.
Nous étions aux courses de chameaux quand nous l'avons perdu.

He was at the camel races when he lost it.
Il était aux courses de chameaux quand il l'a perdu.

We were travelling in Spain when we saw it.
Nous voyagions en Espagne quand nous l'avons vu.

We were working in Belgium when we found it.
Nous travaillions en Belgique, lorsque nous l'avons trouvé.

She was working in Belgium when she found it.
Elle travaillait en Belgique quand elle l'a trouvé.

We were living in Germany when we lost it.
Nous vivions en Allemagne, quand nous l'avons perdu.

He was living in Germany when he lost it.
Il vivait en Allemagne, quand il l'a perdu.

They were living overseas when they lost it.
Ils vivaient à l'étranger quand ils l'ont perdu.

I am purchasing a book.
J'achète un livre.

I was purchasing a book.
J'achetais un livre.

I purchased a book.
J'ai acheté un livre.

I will purchase a book.
Je vais acheter un livre.

I will purchase a book.
J'achèterai un livre.

I want to purchase a book.
Je veux acheter un livre.

I would like to purchase a book.
Je voudrais acheter un livre.

I was wanting to purchase a book.
Je voulais acheter un livre.

I went to the bookstore to purchase a book.
Je suis allé à la librairie pour acheter un livre.

I went to my parents' house.
Je suis allé à la maison de mes parents.

Have you some news?
Avez-vous des nouvelles?

Have you any news?
Avez-vous des nouvelles?

Have you heard anything?
Avez-vous des nouvelles?

Aspirin is purchased at the chemist.
On achète de l'aspirine chez le pharmacien.

You can find sugar at the grocery store.
On trouve du sucre à l'épicerie.

One can buy meat at the butcher shop.
On achète de la viande chez le boucher.

Would you like some butter?
Voulez-vous du beurre?

Do you have some meat?
Avez-vous de la viande?

Do you want some milk?
Voulez-vous du lait?

Have you some salad?
Avez-vous de la salade?

Would you like some bread?
Voulez-vous du pain?

Do you have some cream?
Avez-vous de la crème?

Do you want coffee?
Voulez-vous du café?

Do you have any money?
Avez-vous de la monnaie?

Do you take sugar?
Voulez-vous du sucre?

Do you have any aspirin?
Avez-vous de l'aspirine?

Would you like cheese?
Voulez-vous du fromage?

Do you have some meat?
Avez-vous de la viande?

Do you want some butter?
Voulez-vous du beurre?

I would like coffee.
Je voudrais du café.

I would like some meat.
Je voudrais de la viande.

I would like a vacation.
Je voudrais des vacances.

I would like an aspirin.
Je voudrais de l'aspirine.

I would like some money.
Je voudrais de la monnaie.

I would like some eggs.
Je voudrais des œufs.

I would like some cream.
Je voudrais de la crème.

I would like some cake.
Je voudrais des gâteaux.

I would like some bread.
Je voudrais du pain.

I would like some cheese.
Je voudrais du fromage.

I would like some salad.
Je voudrais de la salade.

Do you have any meat?
Avez-vous de la viande?

Do you have any bread?
Avez-vous du pain?

Do you have any salad?
Avez-vous de salade?

Do you have any coffee?
Avez-vous du café?

Do you have any butter?
Avez-vous du beurre?

Do you have cream?
Avez-vous de la crème?

Do you have cheese?
Avez-vous du fromage?

Do you have sugar?
Avez-vous du sucre?

It is near the cafe.
C'est près du café.

It is beside the butcher shop.
C'est près de la boucherie.

It is beside the laundry.
C'est près de la blanchisserie.

It is adjacent to the hotel.
C'est près de l'hôtel.

It is close to the train station.
C'est près de la gare.

It is beside the pharmacy.
C'est près de la pharmacie.

It is near the window.
C'est près du guichet.

It is near the sleeping compartment.
C'est près du wagon-lit.

It is near the bakery.
C'est près de la boulangerie.

It is near the restaurant.
C'est près du restaurant.

It is near the grocery store.
C'est près de l'épicerie.

It is near the store.
C'est près du magasin.

It is near the pastry shop.
C'est près de la pâtisserie.

It is one euro.
Ça fait un euro.

It is sixty euros.
Ça fait soixante euros.

It is fifty-one euros.
Ça fait cinquante et un euros.

He is eighty years old.
Il a quatre-vingts ans.

He is ten years old.
Il a dix ans.

He is six years old.
Il a six ans.

Give me eight of them.
Donnez-m'en huit.

Give me seventeen of them.
Donnez-m'en dix-sept.

Give me twelve of them.
Donnez-m'en douze.

We have five of them.
Nous en avons cinq.

We have four of them.
Nous en avons quatre.

We have two of them.
Nous en avons deux.

What is ten and two?
Combien font dix et deux?

Ten and two make twelve.
Dix et deux font douze.

What is six and four?
Combien font six et quatre?

Six and four make ten.
Six et quatre font dix.

What is five and six?
Combien font cinq et six?

Five and six make eleven.
Cinq et six font onze.

They are at the pharmacy.
Ils sont à la pharmacie.

They are at the chemist.
Ils sont chez le pharmacien.

They are at the butcher shop.
Ils sont à la boucherie.

They are at the butcher shop.
Ils sont chez le boucher.

They are at the pastry shop.
Ils sont à la pâtisserie.

They are at the bakery.
Ils sont à la boulangerie.

They are at the grocery store.
Ils sont chez l'épicier.

They are in the dairy section.
Ils sont à la crèmerie.

He is going to the dairy section.
Il va à la crèmerie.

He goes to the dairyman.
Il va chez le crémier.

They are at the butcher shop.
Ils sont chez le boucher.

She is at the grocery store.
Elle est à l'épicerie.

I am going to the laundry.
Je vais à la blanchisserie.

I am going to the laundry.
Je vais chez le blanchisseur.

He is at the jewellery store.
Il est à la bijouterie.

He is at the jewellers.
Il est chez le bijoutier.

We are at the bakery.
Nous sommes à la boulangerie.

We are at the bakery.
Nous sommes chez le boulanger.

She is going to the dry cleaners.
Elle va à la teinturerie.

She is going to the dry cleaners.
Elle va chez le teinturier.

He is going to the bakery.
Il va à la pâtisserie.

He is going to the station.
Il va à la gare.

He is going to the jewellers.
Il va chez le bijoutier.

He is going to the laundry.
Il va chez le blanchisseur.

He is going to the shoemaker.
Il va chez le cordonnier.

He is going to the bakery.
Il va à la boulangerie.

One buys milk in the diary section.
On achète du lait à la crèmerie.

Bread is made at the bakery.
On fait du pain chez le boulanger.

Shoes are repaired at the cobblers.
On répare les chaussures chez le cordonnier.

Cake is made at the pastry shop.
On fait des gâteaux à la pâtisserie.

You can purchase sugar at the grocery store.
On achète du sucre à l'épicerie.

You can get suits cleaned at the dry cleaners.
On fait nettoyer les costumes chez le teinturier.

You can buy shirts and shoes at the department store.
On achète des chemises et des chaussures au grand magasin.

One can buy vegetables at the greengrocer.
On achète les légumes chez le marchand de légumes.

You can buy the cream in the dairy section.
On achète de la crème à la crèmerie.

You can buy meat from the butcher.
On achète de la viande chez le boucher.

You can find some vegetables at the greengrocer.
On trouve des légumes chez le marchand de légumes.

I am going into town.
Je vais en ville.

We are going into town.
Nous allons en ville.

You are going into town.
Vous allez en ville.

He is going into town.
Il va en ville.

She is going into town.
Elle va en ville.

We are going downtown.
On va en ville.

They are going to town.
Elles vont en ville.

They are going to town.
Ils vont en ville.

I am not in the office.
Je ne vais pas au bureau.

He is not going to the office.
Il ne va pas au bureau.

We are not going to the office.
On ne va pas au bureau.

I am not going to the office.
Je ne vais pas au bureau.

They are not going to the office.
Ils ne vont pas au bureau.

She is not going to the office.
Elle ne va pas au bureau.

They are not going to the office.
Elles ne vont pas au bureau.

You are not going to the store?
Vous n'allez pas au magasin?

Are you not going to the station?
Vous n'allez pas à la gare?

You are not going to the office?
Vous n'allez pas au bureau?

Are you not going into town?
Vous n'allez pas en ville?

Are you not going to the grocery store?
Vous n'allez pas à l'épicerie?

You are not going to the restaurant?
Vous n'allez pas au restaurant?

You are not going to the store?
Vous n'allez pas au magasin?

Are we not going to Paris?
Nous n'allons pas à Paris?

Are they not going to Paris?
Ils ne vont pas à Paris?

Is she not going to Paris?
Elle ne va pas à Paris?

Are you not going to Paris?
Vous n'allez pas à Paris?

Am I not going to Paris?
Je ne vais pas à Paris?

Is he not going to Paris?
Il ne va pas à Paris?

Are we not going to Paris?
On ne va pas à Paris?

Are they not going to Paris?
Elles ne vont pas à Paris?

Are we not going to Paris?
Nous n'allons pas à Paris?

Are you going to lunch?
Allez-vous déjeuner?

Are they going for lunch?
Vont-ils déjeuner?

Is he going to lunch?
Va-t-il déjeuner?

Are they going to lunch?
Vont-elles déjeuner?

Is she going to lunch?
Va-t-elle déjeuner?

Are we going to lunch?
Allons-nous déjeuner?

Are we going to lunch?
Va-t-on déjeuner?

Are you going to lunch?
Allez-vous déjeuner?

Are the children going on vacation?
Les enfants vont-ils en vacances?

Is your girlfriend going on vacation?
Votre amie va-t-elle en vacances?

Is your friend going on vacation?
Votre ami va-t-il en vacances?

Are your friends going on vacation?
Vos amis vont-ils en vacances?

Are your friends going on vacation?
Vos amies vont-elles en vacances?

Is your sister going on vacation?
Votre sœur va-t-elle en vacances?

Is your brother going on vacation?
Votre frère va-t-il en vacances?

Is Janine going on vacation?
Janine va-t-elle en vacances?

Are the children going on vacation?
Les enfants vont-ils en vacances?

I am late; I am going to take a taxi.
Je suis en retard; je vais prendre un taxi.

He is late; he is going to take a taxi.
Il est en retard; il va prendre un taxi.

We are late; we are going to take a taxi.
Nous sommes en retard; nous allons prendre un taxi.

They are late; they are going to take a taxi.
Ils sont en retard; ils vont prendre un taxi.

She is late; she is going to take a taxi.
Elle est en retard; elle va prendre un taxi.

They are late; they are going to take a taxi.
Elles sont en retard; elles vont prendre un taxi.

You are late; you are going to take a taxi.
Vous êtes en retard; vous allez prendre un taxi.

We are late; we are going to take a taxi.
On est en retard; on va prendre un taxi.

I am late for the meeting.
Je suis en retard pour la réunion.

I am ten minutes late.
Je suis dix minutes de retard.

I am a few minutes late.
Je suis quelques minutes de retard.

I am a little late.
Je suis un peu en retard.

I am already late.
Je suis déjà en retard.

If I am late, start without me.
Si je suis en retard, commencez sans moi.

What will happen if I am late?
Qu'est-ce qui se passera si je suis en retard?

I am always late.
Je suis toujours en retard.

We are late.
Nous sommes en retard.

You are late.
Tu es en retard.

You are late.
Vous êtes en retard.

I was not late.
Je n'étais pas en retard.

It is for this reason that I was late.
C'est pour cette raison que j'étais en retard.

I was already late.
J'étais déjà en retard.

I was behind schedule.
J'étais en retard.

I was not behind schedule.
Je n'étais pas en retard.

The plane was late.
L'avion était en retard.

I have been late once.
J'ai été en retard une fois.

I came in late this morning.
Je suis arrivée en retard ce matin.

I arrived late this morning.
Je suis arrivée en retard ce matin.

I came in late this morning.
Je suis arrivé en retard ce matin.

I arrived late this morning.
Je suis arrivé en retard ce matin.

I arrived a few minutes late this morning.
Je suis arrivé quelques minutes en retard ce matin.

We are not going to lunch because we are pressed for time.
Nous n'allons pas déjeuner parce que nous sommes pressés.

You are not going to lunch because you are in a hurry.
Vous n'allez pas déjeuner parce que vous êtes pressés.

They are not going to lunch because they are pushed for time.
Ils ne vont pas déjeuner parce qu'ils sont pressés.

She is not going to lunch because she is in a rush.
Elle ne va pas déjeuner parce qu'elle est pressée.

We are not going to lunch because we are in a hurry.
On ne va pas déjeuner parce qu'on est pressé.

He is not going to lunch because he is too busy.
Il ne va pas déjeuner parce qu'il est pressé.

I am not going to lunch because I am in a hurry.
Je ne vais pas déjeuner parce que je suis pressé.

They do not go lunch because they are pressed for time.
Elles ne vont pas déjeuner parce qu'elles sont pressées.

Are you going on holiday?
Allez-vous en vacances?

Yes, I am going on holiday.
Oui, je vais en vacances.

Is your friend going on a vacation?
Votre ami va-t-il en vacances?

Yes, he is going on a vacation.
Oui, il va en vacances.

Are your friends going on a holiday?
Vos amies vont-elles en vacances?

Yes, they are going on a holiday.
Oui, elles vont en vacances.

I went on holiday for one month.
Je suis allé en vacances pendant un mois.

This spring, I went on vacation to Greece.
Ce printemps, je suis allé en vacances en Grèce.

Is your girlfriend going to the beach?
Votre amie va-t-elle à la plage?

Is your girlfriend going to the party?
Votre amie va-t-elle à la fête?

Is your girlfriend going to the store?
Votre amie va-t-elle au magasin?

Yes, she is going to the store.
Oui, elle va au magasin.

Are you going to the café?
Allez-vous au café?

Are you going to the restaurant?
Allez-vous au restaurant?

Are you going to the park?
Allez-vous au parc?

Are you going to the station?
Allez-vous à la gare?

Yes, I am going to the station.
Oui, je vais à la gare.

Are your brothers going to the office?
Vos frères vont-ils au bureau?

Yes, they are going to the office.
Oui, ils vont au bureau.

Is the manager going to the office?
Le gérant va-t-il au bureau?

Yes, he is going to the office.
Oui, il va au bureau.

After breakfast, he is going to the office.
Après le petit déjeuner, il va au bureau.

He is going to lunch.
Il va déjeuner.

Where is he going for lunch?
Où va-t-il déjeuner?

I do not know.
Je ne sais pas.

I do not know where to start.
Je ne sais pas par où commencer.

We are going to lunch.
On va déjeuner.

Where are we going for lunch?
Où va-t-on déjeuner?

They are going to lunch.
Ils vont déjeuner.

Where are they going for lunch?
Où vont-ils déjeuner?

She is going to lunch.
Elle va déjeuner.

Where is she going to lunch?
Où va-t-elle déjeuner?

I am not going to lunch.
Je ne vais pas déjeuner.

Where are you going for lunch?
Où allez-vous déjeuner?

They are going to lunch.
Elles vont déjeuner.

Where are they going for lunch?
Où vont-elles déjeuner?

I am late for my appointment.
Je suis en retard pour mon rendez-vous.

Are you going to take a taxi?
Allez-vous prendre un taxi?

I am early.
Je suis en avance.

Are you going to take the bus?
Allez-vous prendre le bus?

Are you going to take the train?
Allez-vous prendre le train?

The children are late.
Les enfants sont en retard.

Will they take a taxi?
Vont-ils prendre un taxi?

My sister is late.
Ma sœur est en retard.

Is she going to take a taxi?
Va-t-elle prendre un taxi?

My brother is late.
Mon frère est en retard.

Will he take a taxi?
Va-t-il prendre un taxi?

My parents are late.
Mes parents sont en retard.

Are they going to take a taxi?
Vont-ils prendre un taxi?

Miss Courtois is late.
Mlle Courtois est en retard.

Will she take a taxi?
Va-t-elle prendre un taxi?

Do you have a room with a view of the ocean?
Avez-vous une chambre avec vue sur l'océan?

Do you have a room with a view of the harbour?
Avez-vous une chambre avec vue sur le port?

You have the room?
Vous avez la chambre?

Yes, I have the room.
Oui, j'ai la chambre.

Are you going to the room?
Vous allez dans la chambre?

Yes, I am going to the room.
Oui, je vais dans la chambre.

Do you have a window?
Vous avez une fenêtre?

Yes, I have a window.
Oui, j'ai une fenêtre.

Are you going to the ground floor?
Vous allez au rez-de-chaussée?

Yes, I am going to the ground floor.
Oui, je vais au rez-de-chaussée.

Do you have some holidays?
Vous avez des vacances?

Yes, I have some holidays.
Oui, j'ai des vacances.

Are you going on holiday?
Vous allez en vacances?

Yes, I am going on vacation.
Oui, je vais en vacances.

Person 1: I would like a brown suit.
Personne 1: Je voudrais un costume marron.

Person 2: Please follow me, sir.
Personne 2: Veuillez me suivre, Monsieur.

Person 1: These outfits are very expensive.
Personne 1: Ces costumes sont très chers.

Person 2: We also have some of them on sale.
Personne 2: Nous en avons aussi en solde.

Person 1: Would you show them to me?
Personne 1: Voulez-vous me les montrer?

Person 2: Here they are, sir.
Personne 2: Les voici, Monsieur.

Person 1: Can I try this one?
Personne 1: Est-ce que je peux essayer celui-ci?

Person 2: Yes, I will put it aside.
Personne 2: Mais oui, je vous l'apporte à côté.

When are you going into town?
Quand allez-vous en ville?

When are you going to town?
Quand allez-vous en ville?

When are you going to the cinema?
Quand allez-vous au cinéma?

When are you going home?
Quand allez-vous à la maison?

When are you going out?
Quand allez-vous sortir?

How are you going to get out of there?
Comment allez-vous sortir de là?

When are you going to wake up?
Quand allez-vous vous réveiller?

When are you going to leave the room?
Quand allez-vous sortir de la salle?

When are you going to make a decision?
Quand allez-vous prendre une décision?

Are you by yourself in New York?
Etes-vous seul à New York?

Are you free to choose?
Vous êtes libre de choisir?

Are you free to go?
Vous êtes libre d'aller?

Are you ready to go?
A vous prêt à aller?

Are you ready to take a decision?
Êtes-vous prêt à prendre une décision?

Are you ready to work for me?
Êtes-vous prêt à travailler pour moi?

Where are you having lunch at noon?
Où déjeunez-vous à midi?

Are you having lunch at one o'clock or midday?
Déjeunez-vous à une heure ou à midi?

Have lunch at a restaurant in town.
Déjeuner dans un restaurant de la ville.

Do you know if there is a good restaurant near here?
Savez-vous s'il y a un bon restaurant près d'ici?

Do you know if there is an inexpensive restaurant near here?
Savez-vous s'il y a un restaurant bon marché près d'ici?

Do you know if there is a good restaurant in this suburb?
Savez-vous s'il y a un bon restaurant dans cette banlieue?

Do you know if there is another restaurant near here?
Savez-vous s'il y a un autre restaurant près d'ici?

Do you know if there is another bookshop nearby?
Savez-vous s'il y a une autre librairie à proximité?

Do you know if there is another cafe near the river?
Savez-vous s'il y a un autre café près de la rivière?

Are the shirts still on sale?
Les chemises sont-elles toujours en solde?

What time does class start?
A quelle heure commencent les classes?

What level is your class on?
A quel étage est votre classe?

What floor is the apartment on?
A quel étage se trouve l'appartement?

What floor do I need to go?
A quel étage dois-je aller?

Where do you get your outfits cleaned?
Où faites-vous nettoyer vos costumes?

Do you always have lunch alone?
Déjeunez-vous toujours seul?

Who are you going to have lunch with today?
Avec qui allez-vous déjeuner aujourd'hui?

Will you take a taxi home tonight?
Allez-vous prendre un taxi pour rentrer ce soir?

What time are you returning?
A quelle heure rentrez-vous?

When do you do your shopping?
Quand faites-vous vos courses?

I am in a hurry because I am going for lunch.
Je suis pressé parce que je vais déjeuner.

They are in a hurry because they are going to lunch.
Ils sont pressés parce qu'ils vont déjeuner.

We are in a rush because we are going to lunch.
Nous sommes pressés parce que nous allons déjeuner.

She is pressed for time because she is going to lunch.
Elle est pressée parce qu'elle va déjeuner.

We are in a hurry because we will be going to lunch.
On est pressé parce qu'on va déjeuner.

They are pushed for time because they have to go to lunch.
Elles sont pressées parce qu'elles vont déjeuner.

He is in a hurry because he has to go to lunch.
Il est pressé parce qu'il va déjeuner.

I am in a hurry because I am going to lunch.
Je suis pressé parce que je vais déjeuner.

We will see if we have our suitcases.
Nous allons voir si nous avons nos valises.

He will see if he has his bags.
Il va voir s'il a ses valises.

She is going to see if she has her bags.
Elle va voir si elle a ses valises.

We are going to see if we have our suitcases.
Nous allons voir si nous avons nos valises.

I will see if my luggage has arrived.
Je vais voir si j'ai mes valises.

They will see if they have their suitcases.
Ils vont voir s'ils ont leurs valises.

He will see if he has his bags.
Il va voir s'il a ses valises.

She is alone after school.
Elle est seule après l'école.

I am alone after work.
Je suis seule après le travail.

He is alone on his yacht.
Il est seul sur son yacht.

They are alone tonight.
Ils sont seuls ce soir.

Is he alone?
Il est seul?

Yes, for a few days; his sister arrives next week.
Oui, pour quelques jours; sa sœur arrive la semaine prochaine.

Are they alone?
Ils sont seuls?

Yes, for several days; their sister arrives next week.
Oui, pour quelques jours; leur sœur arrive la semaine prochaine.

Are you alone?
Vous êtes seul?

Yes, for a few days; my sister arrives next week.
Oui, pour quelques jours; ma sœur arrive la semaine prochaine.

Is she alone?
Elle est seule?

Yes, for a few days; his sister arrives next week.
Oui, pour quelques jours; sa sœur arrive la semaine prochaine.

Are they alone?
Elles sont seules?

Yes, for a few days; their sister arrives next week.
Oui, pour quelques jours; leur sœur arrive la semaine prochaine.

What time is it in London?
Quelle heure est-il à Londres?

It is important for us to know the time.
Il est important pour nous de savoir l'heure.

What time can you receive us?
Quelle heure pouvez-vous nous recevoir?

What time could you receive us?
Quelle heure pourriez-vous nous recevoir?

At what time do you eat lunch?
A quelle heure déjeunez-vous?

I think I have lunch at one o'clock.
Je crois que je déjeune à une heure.

What time does your girlfriend arrive in Paris?
A quelle heure votre amie arrive-t-elle à Paris?

I think she arrives in Paris at one o'clock.
Je crois qu'elle arrive à Paris à une heure.

Is your brother late?
Votre frère est-il en retard?

Are you going to the room?
Allez-vous dans la chambre?

Are you in a hurry?
Etes-vous pressé?

Is he going to the restaurant with Janine?
Va-t-il au restaurant avec Janine?

Is your sister home?
Votre sœur est-elle chez vous?

Is he alright?
Va-t-il bien?

Do you have a store?
Avez-vous un magasin?

Is it on the ground floor?
Est-il au rez-de-chaussée?

He will have lunch with them?
Va-t-il déjeuner avec eux?

Does he have room twelve?
A-t-il la chambre douze?

Mr Lelong's train departs at six o'clock.
Le train de Monsieur Lelong part à six heures.

His train departs at six o'clock.
Son train part à six heures.

The bags are limited in weight and size.
Les bagages sont limités en poids et en taille.

The bags will not be accepted.
Les bagages ne seront pas acceptés.

The bags are limited to twenty kilograms per person.
Les bagages sont limités à vingt kilogrammes par personne.

The children's bags are packed.
Les bagages des enfants sont faits.

Their bags are packed.
Leurs bagages sont faits.

My sister's children are on vacation.
Les enfants de ma sœur sont en vacances.

Lelong's villa is near here.
La villa des Lelong est près d'ici.

The villa is located five kilometres from town.
La villa est située à cinq kilomètres de la ville.

The villa is located five kilometres from town.
La villa est située à cinq kilomètres de la ville.

The cottage is situated twenty kilometres to the north.
Le gîte est situé à vingt kilomètres au nord.

The hotel is at least five kilometres away.
L'hôtel se trouve à moins de cinq kilomètres.

The villa is never rented.
La villa n'est jamais louée.

The villa is surrounded by a large garden.
La villa est entourée par un grand jardin.

This child's family is in Paris.
La famille de cet enfant est à Paris.

Janine's parents are late.
Les parents de Janine sont en retard.

This is not my manager's brother.
Ce n'est pas le frère du gérant.

Your friends' tickets are at counter ten.
Les billets de vos amis sont au guichet dix.

The manager's office is on the ground floor.
Le bureau du gérant est au rez-de-chaussée.

Mr Lelong's trunk is at check-in.
La malle de Monsieur Lelong est à l'enregistrement.

The children's room is on the first floor.
La chambre des enfants est au premier étage.

We live in a big house.
Nous habitons dans une grande maison.

We live in an apartment.
Nous habitons dans un appartement.

We live in a house on the outskirts of Toulouse.
Nous habitons dans une maison à la périphérie de Toulouse.

We live beside the sea.
Nous habitons près de la mer.

We do not live beside the sea.
Nous n'habitons pas au bord de la mer.

We live in a poor suburb.
Nous habitons dans une banlieue pauvre.

We live in a rural area.
Nous habitons dans une région rurale.

We live and work in Toulouse.
Nous habitons et travaillons dans Toulouse.

We live in a quiet neighbourhood.
Nous habitons dans un quartier tranquille.

We live in the countryside.
Nous habitons à la campagne.

We live in the mountains.
Nous habitons dans les montagnes.

We live in the desert.
Nous habitons dans le désert.

We live across the street.
Nous habitons en face.

We live next door.
Nous habitons à côté.

We live over there.
Nous habitons là-bas.

We live near here.
Nous habitons près d'ici.

We live in the south of France.
Nous habitons dans le Midi.

We live in this street.
Nous habitons dans cette rue.

Are you going out Sunday?
Sortez-vous dimanche?

Are you going out Thursday?
Sortez-vous jeudi?

Are you going out on Tuesday?
Sortez-vous mardi?

Are you going out on Saturday?
Sortez-vous samedi?

Are you going out on Wednesday?
Sortez-vous mercredi?

Are you going out Friday?
Sortez-vous vendredi?

Are you going out Monday?
Sortez-vous lundi?

Are you going out tomorrow?
Sortez-vous demain?

Is it in summer?
Est-ce que c'est en été?

Summer is very hot.
L'été est très chaud.

Is it the case in autumn?
Est-ce que c'est en automne?

Autumn is nice.
L'automne est agréable.

Is it in winter?
Est-ce que c'est en hiver?

Winter is very cold.
L'hiver est très froid.

Is it in spring?
Est-ce que c'est au printemps?

Spring is beautiful.
Le printemps est beau.

Do you work on Monday nights?
Travaillez-vous le lundi soir?

Do you work on Tuesdays?
Travaillez-vous le mardi?

Do you work on Saturdays?
Travaillez-vous le samedi?

Do you work on Fridays?
Travaillez-vous le vendredi?

Do you work evenings?
Travaillez-vous le soir?

Do you work mornings?
Travaillez-vous le matin?

Do you work afternoons?
Travaillez-vous l'après-midi?

Do you work during lunch?
Travaillez-vous pendant le déjeuner.

I intend to remain in Paris until January.
Je compte rester à Paris jusqu'en janvier.

I intend to remain in Paris until February.
Je compte rester à Paris jusqu'en février.

I intend to remain in Paris until March.
Je compte rester à Paris jusqu'en mars.

I intend to remain in Paris until April.
Je compte rester à Paris jusqu'en avril.

I plan to stay in Paris until May
Je compte rester à Paris jusqu'en mai.

I intend to stay in Paris until June.
Je compte rester à Paris jusqu'en juin.

I intend to stay in Paris until July.
Je compte rester à Paris jusqu'en juillet.

I intend to stay in Paris until August.
Je compte rester à Paris jusqu'en août.

I plan to stay in Paris until September.
Je compte rester à Paris jusqu'en septembre.

I plan to stay in Paris until October.
Je compte rester à Paris jusqu'en octobre.

I plan to stay in Paris until November.
Je compte rester à Paris jusqu'en novembre.

I intend to stay two more days.
Je compte rester deux jours de plus.

I intend to stay one day less.
Je compte rester un jour de moins.

I intend to stay invisible.
Je compte rester invisible.

I intend to stay for one month.
Je compte rester pendant un mois.

What have you done?
Qu'avez-vous fait?

What did you do for me?
Qu'avez-vous fait pour moi?

What did you do during the weekend?
Qu'avez-vous fait pendant le weekend?

What did you do in April?
Qu'avez-vous fait en avril?

What did you do on Sunday?
Qu'avez-vous fait dimanche?

What did you do during the week?
Qu'avez-vous fait pendant la semaine?

What did you do on Friday?
Qu'avez-vous fait vendredi?

What did you do in July?
Qu'avez-vous fait en juillet?

What did you do during the weekend?
Qu'avez-vous fait pendant le weekend?

What did we do during the weekend?
Qu'avons-nous fait pendant le weekend?

What did he do during the weekend?
Qu'a-t-il fait pendant le weekend?

What did they do during the weekend?
Qu'ont-elles fait pendant le weekend?

What did we do during the weekend?
Qu'a-t-on fait pendant le weekend?

What did she do during the weekend?
Qu'a-t-elle fait pendant le weekend?

What did she do at school today?
Qu'a-t-elle fait à l'école aujourd'hui?

What did she do every weekend?
Que faisait-elle chaque weekend?

I went to hospital.
Je suis allé à l'hôpital.

I went to a poor country.
Je suis allé à un pays pauvre.

I went too fast.
Je suis allé trop vite.

I went too far.
Je suis allé trop loin.

I went to the cinema on Friday night.
Je suis allé au cinéma le vendredi soir.

I went to Germany and Austria for two weeks.
Je suis allé en Allemagne et en Autriche pendant deux semaines.

I went overseas.
Je suis allé à l'étranger.

I went to the wharf to see a ship.
Je suis allé au quai pour voir un navire.

I went to Versailles
Je suis allé à Versailles.

I went to Paris.
Je suis allé à Paris.

I went to the cafe.
Je suis allé au café.

I went to the restaurant.
Je suis allé au restaurant.

How are they going?
Comment vont-ils?

How are you going?
Comment allez-vous?

I went to the store.
Je suis allé au magasin.

I went to the south of France.
Je suis allé dans le Midi.

I went to Lyon.
Je suis allé à Lyon.

I went to Lille.
Je suis allé à Lille.

I went to Nice.
Je suis allé à Nice.

I went to the seaside
Je suis allé au bord de la mer.

I went to Versailles.
Je suis allé à Versailles.

Chapter IV
Chapitre IV

How is she?
Comment est-elle?

How do you talk to your colleagues?
Comment parlez-vous à vos collègues?

How do you talk to your friends?
Comment parlez-vous à vos amis?

How do you talk to your wife?
Comment pouvez-vous parler à votre femme?

How do you talk to your husband?
Comment pouvez-vous parler à votre mari?

How do we return?
Comment rentrons-nous?

How does he speak?
Comment parle-t-il?

How is she going?
Comment va-t-elle?

How are they?
Comment sont-ils?

How is he?
Comment est-il?

How is she?
Comment est-elle?

I went to Versailles.
Je suis allé à Versailles.

They went to Versailles.
Ils sont allés à Versailles.

We went to Versailles.
Nous sommes allés à Versailles.

She went to Versailles.
Elle est allée à Versailles.

We went to Versailles.
On est allé à Versailles.

He went to Versailles.
Il est allé à Versailles.

They went to Versailles.
Elles sont allées à Versailles.

It is better than the other one.
Elle est meilleure que l'autre.

It is more slippery than the other one.
Elle est plus glissante que l'autre.

She is prettier than the other one.
Elle est plus jolie que l'autre.

It is larger than the other one.
Elle est plus grosse que l'autre.

It is more expensive than the other one.
Elle est plus chère que l'autre.

It is more urgent than the other one.
Elle est plus pressée que l'autre.

It is whiter than the other one.
Elle est plus blanche que l'autre.

It is older than the other one.
Elle est plus ancienne que l'autre.

It is more difficult than the other one.
Il est plus difficile que l'autre.

It is more meaningful than the other one.
Il est plus utile que l'autre.

It is longer than the other one.
Il est plus long que l'autre.

It is more difficult than the other one.
Il est plus difficile que l'autre.

It is shorter than the other one.
Elle est plus courte que l'autre.

She is stronger than I am.
Elle est plus forte que moi.

It must also be prettier than the old one.
Elle doit être aussi plus jolie que l'ancienne.

It must also be less attractive than the old one.
Elle doit être aussi moins jolie que l'ancienne.

It must also be more slippery than the old one.
Elle doit être aussi plus glissante que l'ancienne.

It must also be more beautiful than the old one.
Elle doit être aussi plus belle que l'ancienne.

It must also be larger than the old one.
Elle doit être aussi plus grosse que l'ancienne.

It must also be worse than the old one.
Elle doit être aussi plus mauvaise que l'ancienne.

It must also be less slippery than the old one.
Elle doit être aussi moins glissante que l'ancienne.

It was not slippery at all.
Elle n'était pas glissante du tout.

It was not at all pretty.
Elle n'était pas jolie du tout.

It was not at all expensive.
Elle n'était pas chère du tout.

It was not bad at all.
Elle n'était pas mauvaise du tout.

She was in no hurry at all.
Elle n'était pas pressée du tout.

She was not big at all.
Elle n'était pas grosse du tout.

She was not good at all.
Elle n'était pas bien du tout.

It was not slippery at all.
Elle n'était pas glissante du tout.

It must also be prettier than the white one.
Elle doit être aussi plus jolie que la blanche.

It must also be prettier than the little one.
Elle doit être aussi plus jolie que la petite.

It must also be prettier than the new one.
Elle doit être aussi plus jolie que la nouvelle.

It must also be prettier than the big one.
Elle doit être aussi plus jolie que la grosse.

It must also be prettier than the first one.
Elle doit être aussi plus jolie que la première.

It must also be prettier than the last one.
Elle doit être aussi plus jolie que la dernière.

It must also be prettier than the green one.
Elle doit être aussi plus jolie que la verte.

Are you going to the countryside or to the seaside?
Allez-vous à la campagne ou au bord de la mer?

Are you going to the bakery or grocery store?
Allez-vous à la boulangerie ou à l'épicerie?

Are you going to the station or the office?
Allez-vous à la gare ou au bureau?

Are you going to the cinema or the cafe?
Allez-vous au cinéma ou au café?

Do you go to the grocery store or the bakery?
Allez-vous chez l'épicier ou chez le boulanger?

Are you going to the grocery store or the bakery?
Allez-vous à l'épicerie ou à la boulangerie?

Are you going to the pharmacist or the cobbler?
Allez-vous chez le pharmacien ou chez le cordonnier?

Are you going to Normandy or to the south of France?
Allez-vous en Normandie ou dans le Midi?

Are you going to the countryside or to the city?
Allez-vous à la campagne ou en ville?

Do you go to a hotel or to some friends' place?
Allez-vous à l'hôtel ou chez des amis?

Do you go to your friends' place or to the villa?
Allez-vous chez vos amis ou à la villa?

Is it in the countryside or at the seaside?
Est-il à la campagne ou au bord de la mer?

He goes to the country or to the seaside?
Va-t-il à la campagne ou au bord de la mer?

Are you in the countryside or by the sea?
Etes-vous à la campagne ou au bord de la mer?

Are you going to the countryside or to the seaside?
Allez-vous à la campagne ou au bord de la mer?

Are they in the country or by the sea?
Sont-ils à la campagne ou au bord de la mer?

Do they go to the countryside or to the seaside?
Vont-ils à la campagne ou au bord de la mer?

Are we going to the countryside or to the sea?
Allons-nous à la campagne ou au bord de la mer?

Is she in the country or by the sea?
Est-elle à la campagne ou au bord de la mer?

Go to the south of France.
Allez dans le Midi.

Go to Nice.
Allez à Nice.

Go to the countryside.
Allez à la campagne.

Go to the seaside
Allez au bord de la mer.

Go to checkout.
Allez à la caisse.

Go to this region.
Allez dans cette région.

Go into the forest.
Allez dans la forêt.

Go into town.
Allez en ville.

Go to Versailles.
Allez à Versailles.

Go to the gardens.
Aller aux jardins.

Go to the fortune-teller.
Aller à la diseuse de bonne aventure.

Go to the concert.
Aller au concert.

What is the weather like in Spain in December?
Quel est le climat en Espagne en Décembre?

What is the weather like at the moment?
Quel temps fait-il en ce moment?

It is hot and dry.
Il y fait chaud et sec.

There is nice and fresh.
Il y fait beau et frais.

It is cold and wet.
Il y fait froid et humide.

It is hot and humid.
Il y fait chaud et humide.

It is cold and dry.
Il y fait froid et sec.

There is humid and warm.
Il y fait humide et chaud.

And Henry, where is he going this year?
Et Henri, où va-t-il cette année?

And Henry, where is he going tonight?
Et Henri, où va-t-il ce soir?

And Henry, where is he going next week?
Et Henri, où va-t-il la semaine prochaine?

And Henry, where is he going this afternoon?
Et Henri, où va-t-il cet après-midi?

And Henry, where is he going tomorrow?
Et Henri, où va-t-il demain?

And Henry, where is he going this week?
Et Henri, où va-t-il cette semaine?

And Henry, where is he going next month?
Et Henri, où va-t-il le mois prochain?

And Henry, where is he going today?
Et Henri, où va-t-il aujourd'hui?

And Henry, where is he going next year?
Et Henri, où va-t-il l'année prochaine?

And Henry, where is he going next Monday?
Et Henri, où va-t-il lundi prochain?

And Henry, where is he going next weekend?
Et Henri, où va-t-il le weekend prochain

And Henry, where is he going this year?
Et Henri, où va-t-il cette année?

He has a villa in Normandy for the season.
Il a une villa en Normandie pour la saison.

He has a villa in Normandy for the summer.
Il a une villa en Normandie pour l'été.

He has a villa in Normandy on weekends.
Il a une villa en Normandie pour les weekends.

He has a villa in Normandy for a few months.
Il a une villa en Normandie pour quelques mois.

He has a villa in Normandy for the spring.
Il a une villa en Normandie pour le printemps.

He has a villa in Normandy for three months.
Il a une villa en Normandie pour trois mois.

He has a villa in Normandy next month.
Il a une villa en Normandie pour le mois prochain.

They have a villa in Normandy for the season.
Ils ont une villa en Normandie pour la saison.

I would like a villa in Normandy for the season.
Je voudrais une villa en Normandie pour la saison.

They are renting a villa in Normandy for the season.
Ils louent une villa en Normandie pour la saison.

We are renting a villa in Normandy for the season.

Nous louons une villa en Normandie pour la saison.

He would like a villa in Normandy for the season.

Il voudrait une villa en Normandie pour la saison.

She wants a villa in Normandy for the season.

Elle veut une villa en Normandie pour la saison.

We have a villa in Normandy for the season.

Nous avons une villa en Normandie pour la saison.

She has a villa in Normandy for the season.

Elle a une villa en Normandie pour la saison.

He has a villa in Normandy for the season.

Il a une villa en Normandie pour la saison.

It is always unpleasant in this area.

Il fait toujours mauvais dans cette région.

It is always nice in this region.

Il fait toujours beau dans cette région.

It is always dry in this region.

Il fait toujours sec dans cette région.

It is always cold in this region.

Il fait toujours froid dans cette région.

It is always fresh in this region.

Il fait toujours frais dans cette région.

It is always hot in this region.

Il fait toujours chaud dans cette région.

It is still wet in this region.

Il fait toujours humide dans cette région.

It always rains in this region.

Il pleut toujours dans cette région.

There is always a lot of wind in this region.

Il y a toujours du vent dans cette région.

It is always cold in this region.

Il fait toujours froid dans cette région.

It always snows in this region.

Il neige toujours dans cette région.

My wife does not like the heat.

Ma femme n'aime pas la chaleur.

My husband does not like the cold.

Mon mari n'aime pas le froid.

I do not like heat.

Je n'aime pas la chaleur.

The children do not like heat.

Les enfants n'aiment pas la chaleur.

The children do not like the heat or the cold.

Les enfants n'aiment pas la chaleur ou le froid

We do not like heat.

Nous n'aimons pas la chaleur.

He does not like heat.

Il n'aime pas la chaleur.

My parents do not like the heat.

Mes parents n'aiment pas la chaleur.

My sister does not like heat.

Ma sœur n'aime pas la chaleur.

We do not like heat.

On n'aime pas la chaleur.

My wife does not like heat.

Ma femme n'aime pas la chaleur.

My wife does not like spring.

Ma femme n'aime pas le printemps.

My husband does not like autumn.

Mon mari n'aime pas l'automne.

My wife does not like the snow.
Ma femme n'aime pas la neige.

My husband does not like the desert.
Mon mari n'aime pas le désert.

My wife does not like winter.
Ma femme n'aime pas l'hiver.

My husband does not like the monsoon.
Mon mari n'aime pas la mousson.

My wife does not like the sun.
Ma femme n'aime pas le soleil.

My husband does not like the moon.
Mon mari n'aime pas la lune.

My wife does not like the wind.
Ma femme n'aime pas le vent.

My husband does not like the noise.
Mon mari n'aime pas le bruit.

My wife does not like the area.
Ma femme n'aime pas la région.

My husband does not like the beach.
Mon mari n'aime pas la plage.

My wife does not like Normandy.
Ma femme n'aime pas la Normandie.

My husband does not like Monaco.
Mon mari n'aime pas Monaco.

It sometimes rains in the mountains.
Il pleut parfois dans les montagnes.

It very rarely rains in the desert.
Il pleut très rarement dans le désert.

It rains a lot in the tropics.
Il pleut beaucoup dans les tropiques.

It rains there very often.
Il y pleut très souvent.

It is very often cold there.
Il y fait froid très souvent.

It snows there very often.
Il y neige très souvent.

It is usually humid there.
Il y fait humide très souvent.

It is usually freezing there.
Il y gèle très souvent.

It is often times hot there.
Il y fait chaud très souvent.

It is often times unpleasant there.
Il y fait mauvais très souvent.

In any case, the autumns there are very humid.
En tout cas les automnes y sont très humides.

In any case, the autumns there are very dry.
En tout cas les automnes y sont très secs.

In any case, the autumns there are very cold.
En tout cas les automnes y sont très froids.

In any case, the autumns there are very beautiful.
En tout cas les automnes y sont très beaux.

In any case, the autumns there are very fresh.
En tout cas les automnes y sont très frais.

In any case, the autumns there are very cold.
En tout cas les automnes y sont très chauds.

In any case, the autumns there are very unpleasant.
En tout cas les automnes y sont très mauvais.

In any case, the autumns there are very humid.
En tout cas les automnes y sont très humides.

At any rate, the summers there are very hot.
En tout cas, les étés y sont très chauds.

At any rate, the summers there are very mild.
En tout cas, les étés y sont très doux.

And here, what is the weather like in winter?
Et ici, quel temps fait-il en hiver?

And over there, what is the weather like in winter?
Et là-bas, quel temps fait-il en hiver?

And in Paris, what is the weather like in winter?
Et à Paris, quel temps fait-il en hiver?

And in this region, what is the weather like in winter?
Et dans cette région, quel temps fait-il en hiver?

And by the sea, what is the weather like in winter?
Et au bord de la mer, quel temps fait-il en hiver?

And in Lille, what is the weather like in winter?
Et à Lille, quel temps fait-il en hiver?

And in the south of France, what is the weather like in winter?
Et dans le Midi, quel temps fait-il en hiver?

And near the Atlantic, what is the weather like in winter?
Et près de l'Atlantique, quel temps fait-il en hiver?

And in the mountains, what is the weather like in winter?
Et dans les montagnes, quel temps fait-il en hiver?

This year, it is less cold than last year.
Cette année, il a fait moins froid que l'année dernière.

This year, it is less hot than last year.
Cette année, il a fait moins chaud que l'année dernière.

This year, it is less beautiful than last year.
Cette année, il a fait moins beau que l'année dernière.

This year, it is less harsh than last year.
Cette année, il a fait moins mauvais que l'année dernière.

This year, it is less humid than last year.
Cette année, il a fait moins humide que l'année dernière.

This year, it is less dry than last year.
Cette année, il a fait moins sec que l'année dernière.

This year, it is less fresh than last year.
Cette année, il a fait moins frais que l'année dernière.

This year, it is less cold than last year.
Cette année, il a fait moins froid que l'année dernière.

My wife does not like heat.
Ma femme n'aime pas la chaleur.

We do not like heat.
Nous n'aimons pas la chaleur.

We do not like Normandy.
Nous n'aimons pas la Normandie.

My friends do not like Normandy.
Mes amis n'aiment pas la Normandie.

My friends do not like my car.
Mes amis n'aiment pas mon auto.

I cannot see my car.
Je ne vois pas mon auto.

I cannot see your friend.
Je ne vois pas votre ami.

We cannot find your friend.
On ne trouve pas votre ami.

We cannot find the jewellery.
On ne trouve pas les bijoux.

My wife does not like jewellery.
Ma femme n'aime pas les bijoux.

My husband likes jewellery.
Mon mari aime les bijoux.

What did you do during the weekend?
Qu'avez-vous fait pendant le weekend?

What did she do during the weekend?
Qu'a-t-elle fait pendant le weekend?

What did she do last year?
Qu'a-t-elle fait l'année dernière?

Where did you go last year?
Où êtes-vous allé l'année dernière?

Where did you go in September?
Où êtes-vous allé en septembre?

What did they do in September?
Qu'ont-ils fait en septembre?

What did they do this afternoon?
Qu'ont-ils fait cet après-midi?

What are you doing this afternoon?
Que comptez-vous faire cet après-midi?

What are you doing on the weekend?
Que comptez-vous faire pendant le weekend?

What did you do on the weekend?
Qu'avez-vous fait pendant le weekend?

It is better than the other one.
Elle est meilleure que l'autre.

It is larger than the other one.
Il est plus grand que l'autre.

It is larger than the brown one.
Il est plus grand que le marron.

It is cheaper than the brown one.
Il est moins cher que le marron.

It is cheaper than the first one.
Il est moins cher que le premier.

It is stronger than the first one.
Il est plus fort que le premier.

It is stronger than the other one.
Il est plus fort que l'autre.

They have a villa in the south of France for the summer.
Ils ont une villa dans le Midi pour l'été.

I need a villa in the south of France for the summer.
Il me faut une villa dans le Midi pour l'été.

I need a villa at the seaside for the summer.
Il me faut une villa au bord de la mer pour l'été.

It rains very often in this area.
Il pleut très souvent dans cette région.

It rains very often there.
Il pleut très souvent là-bas.

It is always sunny there.
Il y a toujours du soleil là-bas.

It is always sunny in the south of France.
Il y a toujours du soleil dans le Midi.

It is always nice in the south of France.
Il fait toujours beau dans le Midi.

It is always pleasant in Paris.
Il fait toujours beau à Paris.

It does not often snow in Paris.
Il ne neige pas souvent à Paris.

It does not often snow in this region.
Il ne neige pas souvent dans cette région.

Has Mr Moreau has gone somewhere for the weekend?
Monsieur Moreau est allé quelque part pendant le weekend?

Yes, he went somewhere.
Oui, il est allé quelque part.

Where did he go?
Où est-il allé?

He went to Versailles.
Il est allé à Versailles.

By train?
Par le train?

No, by car.
Non, en auto.

By the old road?
Par l'ancienne route?

No, by the new one.
Non, par la nouvelle.

How is it?
Comment est-elle?

It is better than the other one.
Elle est meilleure que l'autre.

Why?
Pourquoi?

Because it is not slippery at all.
Parce qu'elle n'est pas glissante du tout.

Is it slippery when it rains?
Est-elle glissante quand il pleut?

No, it is not slippery at all.
Non, elle n'est pas glissante du tout.

Is it less scenic than the old one?
Est-elle moins jolie que l'ancienne?

No, it is more scenic than the old one.
Non, elle est plus jolie que l'ancienne.

Why?
Pourquoi?

Because it passes through the forest.
Parce qu'elle traverse la forêt.

Is Mr Moreau going to the countryside or to the sea?
Monsieur Moreau va-t-il à la campagne ou au bord de la mer?

He does not know yet, but he would like some sun.
Il ne sait pas encore, mais il voudrait du soleil.

What is the weather like in the south of France?
Quel temps fait-il dans le Midi?

It is hot and dry there.
Il y fait chaud et sec.

Does Mrs Moreau like the heat?
Mme Moreau aime-t-elle la chaleur?

No, she does not like heat.
Non, elle n'aime pas la chaleur.

What is the weather like on the Atlantic coast?
Quel temps fait-il au bord de l'Atlantique?

It is nice and fresh there.
Il y fait beau et frais.

Does it rain often in the south of France?
Pleut-il souvent dans le Midi?

No, it does not rain often.
Non, il ne pleut pas souvent.

Where does it rain often?
Où pleut-il souvent?

It often rains in Normandy.
Il pleut souvent en Normandie.

Do you find that Mr Moreau exaggerates?
Vous ne trouvez pas que Monsieur Moreau exagère?

Yes, I find that he exaggerates.
Si, je trouve qu'il exagère.

There are still a few dresses on sale.
Il reste quelques robes en solde.

There are still a few coats on sale.
Il reste quelques manteaux en solde.

There are still a few suits on sale.
Il reste quelques costumes en solde.

There are a few pairs still on sale.
Il reste quelques paires en solde.

There are a few shirts still on sale.
Il reste quelques chemises en solde.

There are a few books still on sale.
Il reste quelques livres en solde.

There is still some jewellery on sale.
Il reste quelques bijoux en solde.

There are still a few models on sale.
Il reste quelques modèles en solde.

There are a few dresses still on sale.
Il reste quelques robes en solde.

I will work there for a few summers.
Je vais travailler là-bas pendant quelques étés.

I will work there for a few years.
Je vais travailler là-bas pendant quelques années.

I will work there for a few afternoons.
Je vais travailler là-bas pendant quelques après-midis.

I will work there for a few winters.
Je vais travailler là-bas pendant quelques hivers.

I will work there for a few autumns.
Je vais travailler là-bas pendant quelques automnes.

I will work there for a few hours.
Je vais travailler là-bas pendant quelques heures.

I will work over there more and more often.
Je vais travailler là-bas de plus en plus souvent.

I will work over there for six months.
Je vais travailler là-bas pendant six mois.

What a beautiful dress.
Quelle belle robe.

What is the colour of the dress?
Quelle est la couleur de la robe?

Which dress do you have?
Quelle robe avez-vous?

Which place do you have?
Quelle place avez-vous?

Which room do you have?
Quelle chambre avez-vous?

What is the date?
Quelle date avez-vous?

What sleeper do you have?
Quelle couchette avez-vous?

What bag do you have?
Quelle valise avez-vous?

What is my shoe size?
Quelle est ma pointure?

What shoe size are you?
Quelle pointure avez-vous?

Which ticket do you want?
Quel billet voulez-vous?

Which train do you want?
Quel train voulez-vous?

Which compartment do you want?
Quel compartiment voulez-vous?

What book do you want?
Quel livre voulez-vous?

Which model do you want?
Quel modèle voulez-vous?

Which office do you want?
Quel bureau voulez-vous?

Which coat do you want?
Quel manteau voulez-vous?

What day do you want?
Quel jour voulez-vous?

What outfit do you want?
Quel costume voulez-vous?

Which ticket do you want?
Quel billet voulez-vous?

What levels are you going to see?
Quels étages allez-vous voir?

Which hotels are you going to see?
Quels hôtels allez-vous voir?

Which friends are you going to see?
Quels amis allez-vous voir?

Which children are you going to see?
Quels enfants allez-vous voir?

Which stores are you going to see?
Quelles épiceries allez-vous voir?

Which cars are you going to see?
Quelles autos allez-vous voir?

There are some hotels that are very beautiful.
Il y a certains hôtels qui sont très beaux.

There are some hotels that are not very friendly.
Il y a quelques hôtels qui ne sont pas très sympathique.

There are some hotels that are not very appealing.
Il y a quelques hôtels qui ne sont pas très attrayant.

There are some hotels that are very close.
Il y a quelques hôtels qui sont très proches.

There are some hotels that are very cosy.
Il y a quelques hôtels qui sont très confortable.

There are some hotels that are very interesting.
Il y a quelques hôtels qui sont très intéressants.

There are some stores that are very beautiful.
Il y a certains magasins qui sont très beaux.

There are some winters that are very beautiful.
Il y a certains hivers qui sont très beaux.

There are some memories that are very beautiful.
Il y a certains souvenirs qui sont très beaux.

There are some autumns that are very beautiful.
Il y a certains automnes qui sont très beaux.

There are some books that are very beautiful.
Il y a certains livres qui sont très beaux.

There are some things that are very good.
Il y a certaines choses qui sont très bien.

There are some stores that are very good.
Il y a certaines épiceries qui sont très bien.

There are some villas that are very good.
Il y a certaines villas qui sont très bien.

There are some cars that are very good.
Il y a certaines autos qui sont très bien.

There are some places that are very good.
Il y a certaines places qui sont très bien.

There are certain times that are very pleasant.
Il y a certaines heures qui sont très bien.

They have several classrooms.
Ils ont plusieurs salles de classe.

They have several suitcases.
Ils ont plusieurs valises.

They have several outfits.
Ils ont plusieurs costumes.

They have several books.
Ils ont plusieurs livres.

They have several models.
Ils ont plusieurs modèles.

They have several coats.
Ils ont plusieurs manteaux.

They have several minutes.
Ils ont plusieurs minutes.

There are several cars.
Il y a plusieurs autos.

There are several wagons.
Il y a plusieurs wagons.

There are several hotels.
Il y a plusieurs hôtels.

There are several routes.
Il y a plusieurs routes.

There are several ways.
Il y a plusieurs manières.

There are several ideas.
Il y a plusieurs idées.

There are several reasons.
Il y a plusieurs raisons.

There are several exits.
Il y a plusieurs sorties.

There are several holes in the ground.
Il existe plusieurs trous dans le sol.

There are several holes in the reasoning.
Il y a plusieurs trous dans le raisonnement.

Do you have some suitcases?
Vous avez des valises?

Yes, we have several suitcases.
Oui, nous avons plusieurs valises.

Do you have some rooms?
Vous avez des chambres?

Yes, we have several rooms.
Oui, nous avons plusieurs chambres.

Do you have some forms?
Vous avez des fiches?

Yes, we have several forms.
Oui, nous avons plusieurs fiches.

Do you have some friends?
Vous avez des amis?

Yes, we have several friends.
Oui, nous avons plusieurs amis.

Do you have some bunks?
Vous avez des couchettes?

Yes, we have several bunks.
Oui, nous avons plusieurs couchettes.

You have some places?
Vous avez des places?

Yes, we have several places.
Oui, nous avons plusieurs places.

You have some questions?
Vous avez des questions?

Yes, we have several questions.
Oui, nous avons plusieurs questions.

Do you have some news?
Avez-vous des nouvelles?

Do you have some ideas?
Avez-vous des idées?

Do you have some problems?
Avez-vous des problèmes?

Do you have some questions or comments?
Avez-vous des questions ou des commentaires?

Do you have some symptoms?
Avez-vous des symptômes?

Do you have some doubts?
Avez-vous des doutes?

Do they have some friends?
Ils ont des amis?

I do not know; I think they have several friends.
Je ne sais pas; je crois qu'ils ont plusieurs amis.

Do they have some bunks?
Ils ont des couchettes?

I do not know; I think they have several bunks.
Je ne sais pas; je crois qu'ils ont plusieurs couchettes.

Do they have some offices?
Ils ont des bureaux?

I do not know; I believe they have several offices.
Je ne sais pas; je crois qu'ils ont plusieurs bureaux.

Do they have some children?
Ils ont des enfants?

I do not know; I think they have several children.
Je ne sais pas; je crois qu'ils ont plusieurs enfants.

Do they have some tickets?
Ils ont des billets?

I do not know; I think they have several tickets.
Je ne sais pas; je crois qu'ils ont plusieurs billets.

Do they have some books?
Ils ont des livres?

I do not know; I think they have several books.
Je ne sais pas; je crois qu'ils ont plusieurs livres.

Do they have some questions?
Ils ont des questions?

I do not know; I believe they have several questions.
Je ne sais pas; je crois qu'ils ont plusieurs questions.

Do they have some tools?
Ils ont des outils?

Do they have some decisions to take?
Ils ont des décisions à prendre?

Do they have some obligations?
Ils ont des obligations?

I leave in a few minutes.
Je pars dans quelques minutes.

I leave in a few hours.
Je pars dans quelques heures.

I leave in a few months.
Je pars dans quelques mois.

I leave in a few days.
Je pars dans quelques jours.

I leave in a few weeks.
Je pars dans quelques semaines.

I leave in a little over a week.
Je pars dans un peu plus d'une semaine.

I leave for Liechtenstein.
Je pars pour le Liechtenstein.

I leave for Milan in two days.
Je pars pour Milan en deux jours.

I leave for Amsterdam on Wednesday morning.
Je pars pour Amsterdam mercredi matin.

I will leave for Belgium on Thursday night.
Je vais partir pour la Belgique jeudi soir.

I will leave in thirteen days.
Je partirai en treize jours.

I will be gone for five years.
Je partirai pour cinq ans.

I will leave for Holland in two days with my friend.
Je partirai pour la Hollande en deux jours avec mon ami.

I would leave straight away.
Je partirais tout de suite.

I would leave with my friend.
Je partirais avec mon ami.

I would leave for three weeks.
Je partirais pour trois semaines.

If I could do it, I would leave tomorrow.
Si je pouvais le faire, je partirais demain.

I left three weeks ago.
Je suis parti il y a trois semaines.

I left two years ago.
Je suis partie il y a deux ans.

I left for Germany six weeks ago.
Je suis parti pour l'Allemagne il y a six semaines.

I left because I was tired.
Je suis parti parce que j'étais fatigué.

I left too quickly.
Je suis parti trop vite.

I left with my friend.
Je suis partie avec mon amie.

I left with my two friends.
Je suis parti avec mes deux amis.

I departed every morning at six o'clock.
Je partais tous les matins à six heures.

I left every morning at around seven o'clock.
Je partais chaque matin vers sept heures.

I left from time to time.
Je partais de temps en temps.

I let now and then.
Je partais de temps en temps.

I was going overseas.
Je partais à l'étranger.

We leave in one week.
Nous partons dans une semaine.

We leave for Greece in two days.
Nous partons pour la Grèce en deux jours.

We will leave for three months.
Nous allons partir pour trois mois.

We will leave for three months.
Nous partirons pour trois mois.

If we could do it, we would leave.
Si nous pouvions le faire, nous partirions.

We left for work every morning at four o'clock.
Nous partions pour le travail tous les matins à quatre heures.

We left for work every morning at around five o'clock.
Nous partions pour le travail chaque matin vers cinq heures.

Does he leave next year?
Il part l'année prochaine?

No, in a few years.
Non, dans quelques années.

Does he arrive next month?
Il arrive le mois prochain?

No, in a few months.
Non, dans quelques mois.

Does he arrive in one hour?
Il arrive dans une heure?

No, in a few hours.
Non, dans quelques heures.

Does he arrive today?
Il arrive aujourd'hui?

No, in a few days
Non, dans quelques jours.

Does he arrive next week?
Il arrive la semaine prochaine?

No, in a few weeks.
Non, dans quelques semaines.

There are still many tickets?
Il reste beaucoup de billets?

No, only a few tickets.
Non, quelques billets seulement.

There is a lot of luggage?
Il reste beaucoup de valises?

No, only a few suitcases.
Non, quelques valises seulement.

There are still many places?
Il reste beaucoup de places?

No, only a few places.
Non, quelques places seulement.

There are still many berths?
Il reste beaucoup de couchettes?

No, only a few berths.
Non, quelques couchettes seulement.

There are still many forms?
Il reste beaucoup de fiches?

No, only a few forms.
Non, quelques fiches seulement.

There are still a lot of books?
Il reste beaucoup de livres?

No, only a few books.
Non, quelques livres seulement.

There are still a lot of cars?
Il reste beaucoup d'autos?

No, only a few cars.
Non, quelques autos seulement.

They are at the hotel.
Ils sont à l'hôtel.

At what hotel are they?
A quel hôtel sont-ils?

They are going to the restaurant.
Ils vont au restaurant.

Which restaurant are they going to?
A quel restaurant vont-ils?

He is at the cafe.
Il est au café.

Which café is he at?
A quel café est-il?

She is having lunch at the restaurant.
Elle déjeune au restaurant.

At which restaurant is she having lunch?
A quel restaurant déjeune-t-elle?

We are having lunch at the cafe.
On déjeune au café.

Which cafe are you having lunch at?
A quel café déjeune-t-on?

He is going to the cobbler.
Il va chez le cordonnier.

Which cobbler is he going to?
Chez quel cordonnier va-t-il?

They are going to the butcher.
Elles vont chez le boucher.

Which butcher are they going to?
Chez quel boucher vont-elles?

He works at the pharmacy.
Il travaille à la pharmacie.

Which pharmacy does he work at?
A quelle pharmacie travaille-t-il?

He has a book.
Il a un livre.

He does not have a book.
Il n'a pas de livre.

He has some books.
Il a des livres.

He does not have any books.
Il n'a pas de livres.

He has some sisters.
Il a des sœurs.

He does not have any sisters.
Il n'a pas de sœurs.

They have some children.
Ils ont des enfants.

They do not have any children.
Ils n'ont pas d'enfants.

I do not have bread.
Je n'ai pas de pain.

We do not have any bread.
Nous n'avons pas de pain.

They do not have any bread.
Ils n'ont pas de pain.

I do not take bread.
Je ne prends pas de pain.

She does not have any bread.
Elle n'a pas de pain.

I cannot see any bread.
Je ne vois pas de pain.

It cannot find any bread.
Il ne trouve pas de pain.

We do not ask for bread.
Nous ne demandons pas de pain.

We do not have any cheese.
Nous n'avons pas de fromage.

We do not have any milk.
Nous n'avons pas de lait.

We do not have any coffee.
Nous n'avons pas de café.

We do not have any sugar.
Nous n'avons pas de sucre.

We do not have any fruit.
Nous n'avons pas de fruits.

We do not have any vegetables.
Nous n'avons pas de légumes.

We do not have any books.
Nous n'avons pas de livres.

We do not have any baggage.
Nous n'avons pas de bagages.

We do not have places.
Nous n'avons pas de places.

We have no forms.
Nous n'avons pas de fiches.

We do not have tickets.
Nous n'avons pas de billets.

We do not have bunks.
Nous n'avons pas de couchettes.

We do not have cakes.
Nous n'avons pas de gâteaux.

She has no car.
Elle n'a pas d'auto.

She does not have a bicycle.
Elle n'a pas de vélo.

She does not have a helmet.
Elle n'a pas de casque.

She does not have a backpack.
Elle n'a pas un sac à dos.

Chapter V
Chapitre V

I do not have a car.
Je n'ai pas d'auto.

I do not want a car.
Je ne veux pas d'auto.

I cannot see a car.
Je ne vois pas d'auto.

We do not sell cars.
Nous ne vendons pas d'autos.

We do not insure cars.
Nous n'assurons pas d'autos.

We do not rent a car.
On ne loue pas d'autos.

They do not have a car.
Ils n'ont pas d'auto.

They do not have electricity.
Ils n'ont pas l'électricité.

They do not have the desire.
Ils n'ont pas le désir.

They do not have the means.
Ils n'ont pas les moyens.

They do not have a dog.
Ils n'ont pas un chien.

They do not have any aspirin.
Ils n'ont pas d'aspirine.

They do not have any friends.
Ils n'ont pas d'amis.

They do not have any children.
Ils n'ont pas d'enfants.

They do not have return tickets.
Ils n'ont pas de billets de retour.

They do not have their return tickets.
Ils n'ont pas leurs billets de retour.

We do not have any bags.
Nous n'avons pas de valises.

We do not have any places.
Nous n'avons pas de places.

We do not have platform tickets.
Nous n'avons pas de tickets de quai.

We do not have any luggage.
Nous n'avons pas de bagages.

We do not have tickets.
Nous n'avons pas de billets.

We do not have any sugar.
Nous n'avons pas de sucre.

We do not have any medicines.
Nous n'avons pas de médicaments.

We do not have salad.
Nous n'avons pas de salade.

We do not have any holidays.
Nous n'avons pas de vacances.

We do not have any news.
Nous n'avons pas de nouvelles.

We do not have a villa.
Nous n'avons pas de villa.

We do not have any books.
Nous n'avons pas de livres.

We do not have a winter.
Nous n'avons pas d'hiver.

We do not have a summer.
Nous n'avons pas d'été.

We do not have an autumn.
Nous n'avons pas d'automne.

We do not have any children.
Nous n'avons pas d'enfants.

We do not have a car.
Nous n'avons pas d'auto.

We do not have any friends.
Nous n'avons pas d'amis.

We do not have any aspirin.
Nous n'avons pas d'aspirine.

We do not have return tickets.
Nous n'avons pas de billet de retour.

We do not have our return tickets.
Nous n'avons pas nos billets de retour.

We do not have any fun.
Nous n'avons pas de plaisir.

We do not have any chocolate.
Nous n'avons pas de chocolat.

Do you have children?
Avez-vous des enfants?

No, we do not have any children.
Non, nous n'avons pas d'enfants.

Do you have some friends?
Avez-vous des amis?

No, we do not have any friends.
Non, nous n'avons pas d'amis.

Do you have return tickets in economy class?
Avez-vous des billets aller-retour en classe économique?

No, we do not have return tickets in economy class.
Non, nous n'avons pas de billets de retour en classe économique.

Do you have aspirin?
Avez-vous de l'aspirine?

No, we do not have any aspirin.
Non, nous n'avons pas d'aspirine.

Do you have some free afternoons?
Avez-vous des après-midis libres?

No, we do not have any free afternoons.
Non, nous n'avons pas d'après-midis libres.

Do you have a friend?
Avez-vous un ami?

No, we do not have any friends.
Non, nous n'avons pas d'ami.

I do not have space.
Je n'ai pas de place.

I do not have a ticket.
Je n'ai pas de billet.

I do not have any friends.
Je n'ai pas d'ami.

I do not have a room.
Je n'ai pas de chambre.

I do not have a car.
Je n'ai pas d'auto.

I do not have any holidays.
Je n'ai pas de vacances.

I do not have any aspirin.
Je n'ai pas d'aspirine.

I do not have any money.
Je n'ai pas de monnaie.

I do not have any gold.
Je n'ai pas d'or.

I do not have any silver.
Je n'ai pas d'argent.

I do not have any problems.
Je n'ai pas de problèmes.

I do not have any worries.
Je n'ai pas de soucis.

I do not have any additional worries.
Je n'ai pas de soucis supplémentaires.

I do not have a life.
Je n'ai pas une vie.

I do not have an easy life.
Je n'ai pas une vie facile.

I do not have any experience.
Je n'ai pas d'expérience.

I do not have any expertise.
Je n'ai pas d'expertise.

I do not have any documentation.
Je n'ai pas de documentation.

I do not have any witnesses.
Je n'ai pas de témoins.

I do not have any idea.
Je n'ai pas la moindre idée.

I do not have any ideas.
Je n'ai pas d'idées.

I do not have any homework.
Je n'ai pas de devoirs.

I do not have any obligations.
Je n'ai pas d'obligations.

I do not have any support.
Je n'ai pas de soutien.

I do not have any income support.
Je n'ai pas de soutien du revenu.

Do you have some friends?
Avez-vous des amis?

No, I have no friends.
Non, je n'ai pas d'amis.

Do you have any fruit?
Avez-vous des fruits?

No, I do not have any fruit.
Non, je n'ai pas de fruits.

Do you have an office?
Avez-vous un bureau?

No, I do not have an office.
Non, je n'ai pas de bureau.

Do you have some aspirin?
Avez-vous de l'aspirine?

No, I do not have any aspirin.
Non, je n'ai pas d'aspirine.

Do you have some holidays?
Avez-vous des vacances?

No, I do not have any holidays.
Non, je n'ai pas de vacances.

Do you have a car?
Avez-vous une auto?

No, I do not have a car.
Non, je n'ai pas d'auto.

Do you have some change?
Avez-vous de la monnaie?

No, I do not have any change.
Non, je n'ai pas de monnaie.

Do you buy meat?
Achetez-vous de la viande?

No, I do not buy meat.
Non, je n'achète pas de viande.

Do you provide information?
Donnez-vous des renseignements?

No, I do not give out information.
Non, je ne donne pas de renseignements.

Do you bring some news?
Apportez-vous des nouvelles?

No, I do not bring any news.
Non, je n'apporte pas de nouvelles.

Is there some wind?
Y a-t-il du vent?

No, there is no wind.
Non, il n'y a pas de vent.

Is there some sun?
Y a-t-il du soleil?

No, there is no sun.
Non, il n'y a pas de soleil.

Do you have some windows?
Avez-vous des fenêtres?

No, I do not have any windows.
Non, je n'ai pas de fenêtres.

Do you repair shoes?
Réparez-vous des chaussures?

No, I do not repair shoes.
Non, je ne répare pas de chaussures.

Do you have some fruit?
Avez-vous des fruits?

No, I do not have any fruit.
Non, je n'ai pas de fruits.

Can you find the tickets?
Trouvez-vous les billets?

No, I cannot find the tickets.
Non, je ne trouve pas les billets.

Do you rent some rooms?
Louez-vous des chambres?

No, I do not rent any rooms.
Non, je ne loue pas de chambres.

Do you have a coat?
Avez-vous un manteau?

No, I do not have a coat.
Non, je n'ai pas de manteau.

Are there any sleeping compartments?
Y a-t-il des wagons-lits?

No, there are no sleepers.
Non, il n'y a pas de wagons-lits.

Do you have a suitcase?
Avez-vous une valise?

No, I do not have a suitcase.
Non, je n'ai pas de valise.

Do you have my bags?
Avez-vous mes valises?

No, I do not have your bags.
Non, je n'ai pas vos valises.

Do you have some luggage?
Avez-vous des bagages?

No, I have no luggage.
Non, je n'ai pas de bagages.

Do you have a brother?
Avez-vous un frère?

No, I do not have a brother.
Non, je n'ai pas de frère.

Do you have a sister?
Avez-vous une sœur?

No, I do not have a sister.
Non, je n'ai pas de sœur.

Do you have some sisters?
Avez-vous des sœurs?

No, I have no sisters.
Non, je n'ai pas de sœurs.

Do you have your book?
Avez-vous votre livre?

No, I do not have my book.
Non, je n'ai pas mon livre.

Do you have a book?
Avez-vous un livre?

No, I do not have a book.
Non, je n'ai pas de livre.

Do you have the books?
Avez-vous les livres?

No, I do not have the books.
Non, je n'ai pas les livres.

Do you have my book?
Avez-vous mon livre?

No, I do not have your book.
Non, je n'ai pas votre livre.

Do you have the book?
Avez-vous le livre?

No, I do not have the book.
Non, je n'ai pas le livre.

Do you have my ticket?
Avez-vous mon billet?

No, I do not have your ticket.
Non, je n'ai pas votre billet.

There are still several shirts.
Il reste plusieurs chemises.

There are a few places left.
Il reste quelques places.

There are twelve tickets left.
Il reste douze billets.

There is still a lot of places.
Il reste beaucoup de places.

There are still a few minutes.
Il reste quelques minutes.

There is still some salad.
Il reste de la salade.

There is still some bread.
Il reste du pain.

There is still something left.
Il reste quelque chose.

One has to accept.
Il faut accepter.

One must listen.
Il faut écouter.

We must hope.
Il faut espérer.

We must try.
Il faut essayer.

One must be on time.
Il faut être à l'heure.

One must arrive on time.
Il faut arriver à l'heure.

You have to buy something.
Il faut acheter quelque chose.

One has to bring something.
Il faut apporter quelque chose.

One must find a way.
Il faut trouver un moyen.

One must respect everyone.
Il faut respecter tout le monde

You must find a position.
Il faut trouver une position.

There is some wind.
Il y a du vent.

There is some bread.
Il y a du pain.

There is some salad.
Il y a de la salade.

There are some children.
Il y a des enfants.

There is a hotel.
Il y a un hôtel.

There is some sun.
Il y a du soleil.

There are some places.
Il y a quelques places.

There is a cafe.
Il y a un café.

There is a problem.
Il y a un problème.

There is no problem.
Il n'y a pas de problème.

There is a big problem.
Il y a un gros problème.

There is a great benefit.
Il y a un grand avantage.

There is a definite risk.
Il y a un risque certain.

There is a real risk.
Il existe un risque réel.

There is a potential risk.
Il existe un risque potentiel.

There is a practical need.
Il existe un besoin pratique.

There is a reason.
Il y a une raison.

There is a strong resemblance.
Il y a une forte ressemblance.

There is a weak demand.
Il y a une faible demande.

There is a limit.
Il y a une limite.

There are some drawings.
Il y a des dessins.

There are some risks.
Il y a des risques.

There is a lot of wind.
Il y a beaucoup de vent.

There are a lot of children.
Il y a beaucoup d'enfants.

There are a lot of adults.
Il y a beaucoup d'adultes.

There are a lot of people.
Il y a beaucoup de gens.

There is a lot of food.
Il y a beaucoup de nourriture.

There is a lot of alcohol.
Il y a beaucoup d'alcool.

There is a lot of music.
Il y a beaucoup de musique.

There is a lot of noise.
Il y a beaucoup de bruit.

There is a lot of work.
Il y a beaucoup de travail.

There is a lot of work to do.
Il y a beaucoup de travail à faire.

There is a lot to do.
Il y a beaucoup à faire.

There are a lot of other places.
Il y a beaucoup d'autres endroits.

There are a lot of other people.
Il y a beaucoup d'autres personnes.

It is humid in this region.
Il fait humide dans cette région.

It is nice in this region.
Il fait beau dans cette région.

It is dry in this region.
Il fait sec dans cette région.

It is hot in this region.
Il fait chaud dans cette région.

It is cold in this region.
Il fait froid dans cette région.

It is fresh in this region.
Il fait frais dans cette région.

Is it unpleasant in this region.
Il fait mauvais dans cette région.

It rains over there.
Il pleut là-bas.

It snows over there.
Il neige là-bas.

It freezes over there.
Il gèle là-bas.

There is some sunshine over there.
Il y a du soleil là-bas.

There is some wind over there.
Il y a du vent là-bas.

It is hot over there.
Il fait chaud là-bas.

It rains over there.
Il pleut là-bas.

We must remain.
Il faut rester.

We must clean.
Il faut nettoyer.

We must stay.
Il faut rester.

We must have lunch.
Il faut déjeuner.

We must close.
Il faut fermer.

We must go.
Il faut rentrer.

We must work.
Il faut travailler.

We have to ask.
Il faut demander.

Must it work?
Faut-il travailler?

Yes, it must work.
Oui, il faut travailler.

Must we ask?
Faut-il demander?

Yes, we must ask.
Oui, il faut demander.

Are there some places?
Y a-t-il des places?

Yes, there are places.
Oui, il y a des places.

Are there still some tickets?
Reste-t-il des billets?

Are there some tickets left?
Reste-t-il des billets?

Yes, there are still some tickets.
Oui, il reste des billets.

Is it bad?
Fait-il mauvais?

Yes, it is bad.
Oui, il fait mauvais.

Is there some wind?
Y a-t-il du vent?

Yes, there is some wind.
Oui, il y a du vent.

Does it rain?
Pleut-il?

Yes, it rains.
Oui, il pleut.

Does it rain over there?
Pleut-il là-bas?

Does it rain in December?
Pleut-il en Décembre?

Does it rain a lot?
Pleut-il beaucoup?

How many days does it take?
Combien de jours faut-il?

How many days does it take to go to Egypt?
Combien de jours faut-il pour aller en Egypte?

How many days does it take for each lesson?
Combien de jours faut-il pour chaque leçon?

How many days does it take, on average?
Combien de jours faut-il en moyenne?

How many days does it take to receive the mail?
Combien de jours faut-il pour recevoir le courrier?

How many days does it take to receive the money?
Combien de jours faut-il pour recevoir l'argent?

How many days does it take?
Combien de jours faut-il?

It takes two days.
Il faut deux jours.

How many weeks remain?
Combien de semaines reste-t-il?

There are two weeks remaining.
Il reste deux semaines.

How many suitcases are there?
Combien de valises y a-t-il?

There are two suitcases.
Il y a deux valises.

How many places are there left?
Combien de places reste-t-il?

There are two places left.
Il reste deux places.

How many places are there?
Combien de places y a-t-il?

There are two places.
Il y a deux places.

How many months does it take?
Combien de mois faut-il?

It takes two months.
Il faut deux mois.

How many minutes are left?
Combien de minutes reste-t-il?

There are two minutes left.
Il reste deux minutes.

Is it cold today?
Fait-il froid aujourd'hui?

No, it is not cold.
Non, il ne fait pas froid.

Is it sunny today?
Y a-t-il du soleil aujourd'hui?

No, there is no sun.
Non, il n'y a pas de soleil.

Is it freezing today?
Gèle-t-il aujourd'hui?

No, it is not freezing.
Non, il ne gèle pas.

Is it beautiful today?
Fait-il beau aujourd'hui?

No, it is not nice.
Non, il ne fait pas beau.

Is there wind today?
Y a-t-il du vent aujourd'hui?

No, there is no wind.
Non, il n'y a pas de vent.

Is it snowing today?
Neige-t-il aujourd'hui?

No, it is not snowing.
Non, il ne neige pas.

Is it hot today?
Fait-il chaud aujourd'hui?

No, it is not hot.
Non, il ne fait pas chaud.

They pack the luggage this afternoon.
Ils font les bagages cet après-midi.

You pack the luggage this afternoon.
Vous faites les bagages cet après-midi.

We pack the luggage this afternoon.
On fait les bagages cet après-midi.

She packs the luggage this afternoon.
Elle fait les bagages cet après-midi.

He packs the suitcases this afternoon.
Il fait les bagages cet après-midi.

We pack the bags this afternoon.
Nous faisons les bagages cet après-midi.

I pack the luggage this afternoon.
Je fais les bagages cet après-midi.

They pack the luggage this afternoon.
Elles font les bagages cet après-midi.

They pack luggage this afternoon.
Ils font les bagages cet après-midi.

I will pack my suitcases. And you?
Je fais mes valises. Et vous?

I will pack my suitcases too.
Je fais mes valises aussi.

I will do some shopping. And you?
Je fais des courses. Et vous?

I will do some shopping too.
Je fais des courses aussi.

I will pack my suitcase. And you?
Je fais ma valise. Et vous?

I will pack my suitcase too.
Je fais ma valise aussi.

I will pack my trunk. And you?
Je fais mes malles. Et vous?

I will pack my trunks too.
Je fais mes malles aussi.

I am packing my bags and then I am leaving.
Je fais mes valises et je pars.

I am starting to pack my bags.
Je commence à faire mes valises.

I am packing my bags straight away.
Je fais mes valises tout de suite.

Janine is in town; she did some shopping.
Janine est en ville; elle fait des courses.

My brother is in town; he did some shopping.
Mon frère est en ville; il fait des courses.

My sister is in town; she did some shopping.
Ma sœur est en ville; elle fait des courses.

My father is in town; he did some shopping.
Mon père est en ville; il fait des courses.

Mr Lelong is in town; he did some shopping.
Monsieur Lelong est en ville; il fait des courses.

Henry is in town; he went shopping.
Henri est en ville; il fait des courses.

Janine is in town; she went shopping.
Janine est en ville; elle fait des courses.

My brothers are in the room; they are packing their bags.
Mes frères sont dans la chambre; ils font leurs bagages.

My sisters are in the room; they are packing their bags.
Mes sœurs sont dans la chambre; elles font leurs bagages.

My brother and sister are in the room; they are packing their bags.
Mon frère et ma sœur sont dans la chambre; ils font leurs bagages.

My friends are in the room; they are packing their bags.
Mes amis sont dans la chambre; ils font leurs bagages.

My parents are in the room; they are packing their bags.
Mes parents sont dans la chambre; ils font leurs bagages.

Janine and her sister are in the room; they are packing their bags.
Janine et sa sœur sont dans la chambre; elles font leurs bagages.

We are doing some shopping.
Nous faisons des courses.

We are packing our luggage.
Nous faisons nos bagages.

We are packing our suitcases.
Nous faisons nos valises.

We are packing our trunks.
Nous faisons nos malles.

We are making some coffee.
Nous faisons du café.

We are doing something else.
Nous faisons autre chose.

We are doing some shopping.
Nous faisons des courses.

We are doing our best.
Nous faisons de notre mieux.

We will do our best.
Nous ferons de notre mieux.

We will do our best to help.
Nous ferons de notre mieux pour aider.

We will do our best to help them.
Nous ferons de notre mieux pour les aider.

We are making progress.
Nous faisons des progrès.

We are doing some important things.
Nous faisons des choses importantes.

We are doing some wonderful things here.
Nous faisons des choses merveilleuses ici.

We are making some important choices.
Nous faisons des choix importants.

We are appealing to your common-sense.
Nous faisons appel à votre bon sens.

We are contacting our lawyer.
Nous faisons appel à notre avocat.

We are appealing to your objectivity.
Nous faisons appel à votre objectivité.

We are turning to the courts.
Nous faisons appel aux tribunaux.

What are you doing Sunday?
Que faites-vous dimanche?

What are you doing this afternoon?
Que faites-vous l'après-midi?

What are you doing during the weekend?
Que faites-vous pendant le weekend?

What are you doing this morning?
Que faites-vous ce matin?

What are you doing at lunch?
Que faites-vous à midi?

What are you doing tonight?
Que faites-vous ce soir?

What are you doing tomorrow morning?
Que faites-vous demain matin?

What are you doing with your life?
Que faites-vous avec votre vie?

What are you doing in France?
Que faites-vous en France?

What are you doing at school?
Que faites-vous à l'école?

What are you doing at work?
Que faites-vous au travail?

What are you doing?
Que faites-vous?

I am in town; I am doing some shopping.
Je suis en ville; je fais des courses.

They are in town; they are doing some shopping.
Ils sont en ville; ils font des courses.

We are in town; we are doing some shopping.
Nous sommes en ville; nous faisons des courses.

He is in town; he is doing some shopping.
Il est en ville; il fait des courses.

She is in town; she is doing some shopping.
Elle est en ville; elle fait des courses.

We are in town; we are doing some shopping.
On est en ville; on fait des courses.

They are in town; they are doing some shopping.
Elles sont en ville; elles font des courses.

Where is she?
Où est-elle?

Where are they?
Où sont-ils?

Where are you?
Où êtes-vous?

Where is he?
Où est-il?

Where are they?
Où sont-elles?

Are you going into town?
Vous allez en ville?

What is he doing?
Que fait-il?

He is going into town?
Il va en ville?

What are we doing?
Que fait-on?

We are going to town?
On va en ville?

What are we doing?
Que faisons-nous?

We are going into town?
Nous allons en ville?

What are they doing?
Que font-ils?

They are going to town?
Ils vont en ville?

What is she doing?
Que fait-elle?

She is going into town?
Elle va en ville?

What are you doing?
Que faites-vous?

Are you going into town?
Vous allez en ville?

What are they doing?
Que font-elles?

Are they going into town?
Elles vont en ville?

It was raining yesterday.
Il pleuvait hier.

It rained yesterday.
Il a plu hier.

It is going to rain a lot tomorrow.
Il va pleuvoir beaucoup demain.

It will rain a lot tomorrow.
Il pleuvra beaucoup demain.

How are the roads when it rains?
Comment sont les routes quand il pleut?

It is going to start snowing a lot tomorrow.
Il va commencer à neiger beaucoup demain.

It will snow a lot tomorrow.
Il neigera beaucoup demain.

How are the roads when it snows?
Comment sont les routes quand il neige?

How are the roads when it rains?
Comment sont les routes quand il pleut?

Does it often rain during the month of July in the south of France?
Pleut-il souvent au mois de juillet dans le Midi?

Does it snow in summer in the south of France?
Neige-t-il l'été dans le Midi?

What is the weather like in the south of France?
Quel temps fait-il dans le Midi?

Do you go to the seaside when it is cold?
Allez-vous au bord de la mer quand il fait froid?

When are you going to the seaside?
Quand allez-vous au bord de la mer?

Do you like snow?
Aimez-vous la neige?

Do you like the beach?
Aimez-vous la plage?

I like the beach.
J'aime la plage.

Do you like the sea?
Aimez-vous la mer?

I like the sea.
J'aime la mer.

I like to swim in the Mediterranean sea.
J'aime nager dans la mer Méditerranée.

I like to swim in the sea or in a river.
J'aime nager dans la mer ou dans une rivière.

I like to swim in summer.
J'aime nager en été.

I do not like to swim in winter.
Je n'aime pas nager en hiver.

I like to go for a swim.
J'aime aller pour une baignade.

I like to go for a walk on the beach.
J'aime aller pour une promenade sur la plage.

I like going barefooted.
J'aime aller pieds nus.

There is a nice cafe on the beach.
Il y a un bon café sur la plage.

I found a shell on the beach.
J'ai trouvé une coquille sur la plage.

I am going for a walk on the rocks.
Je vais pour une promenade sur les rochers.

We are going for a walk on the sand.
Nous allons pour une promenade sur le sable.

I am going for a walk with my dog.
Je vais faire une promenade avec mon chien.

I went for a walk to the lighthouse.
Je suis allé faire une promenade au phare.

I went for a walk on Saturday morning.
Je suis allé faire une promenade le samedi matin.

I was going for a walk to the lighthouse.
J'allais pour une promenade au phare.

I went for a walk every morning.
J'allais pour une promenade tous les matins.

I like going to France.
J'aime aller en France.

I like going overseas.
J'aime aller à l'étranger.

I like the unknown.
J'aime l'inconnu.

We like the unknown.
Nous aimons l'inconnu.

What are you going to do during the weekend?
Qu'allez-vous faire pendant le weekend?

Do you have some holidays?
Avez-vous des vacances?

How many days do you have off?
Combien de jours avez-vous?

Do you love vacations?
Aimez-vous les vacances?

When you have a holiday, where do you go?
Quand vous avez des vacances, où allez-vous?

Are you going to the countryside or to the seaside in the summer?
Allez-vous à la campagne ou au bord de la mer l'été?

Do you have a villa in the south of France?
Avez-vous une villa dans le Midi?

When does summer start?
Quand commence l'été?

What is the last day of summer?
Quel est le dernier jour de l'été?

What is the last day of winter?
Quel est le dernier jour de l'hiver?

When does spring start?
Quand commence le printemps?

When does autumn start?
Quand commence l'automne?

Where do you live?
Où habitez-vous?

Do you live in France?
Vivez-vous en France?

How many days are there in a year?
Combien de jours y a-t-il dans l'année?

What are the months with thirty-one days?
Quels sont les mois de trente et un jours?

What do you plan to do?
Que comptez-vous faire?

What do you plan to do in this town?
Que comptez-vous faire dans cette ville?

What do you plan to do with the money?
Que comptez-vous faire avec l'argent?

What do you plan to do to improve your French?
Que comptez-vous faire pour améliorer votre français?

What do you plan to do today?
Que comptez-vous faire aujourd'hui?

What do you plan to do tomorrow?
Que comptez-vous faire demain?

What do you plan to do on the weekend?
Que comptez-vous faire sur le weekend?

What do you plan to do about it?
Que comptez-vous faire à cet égard?

What do you plan to do to fix the problem?
Que comptez-vous faire pour résoudre le problème?

What do you plan to do at work?
Que comptez-vous faire au travail?

What do you plan to do with your life?
Que comptez-vous faire de votre vie?

What do you plan to do this summer?
Que comptez-vous faire cet été?

Do you like children?
Aimez-vous les enfants?

Do you have children?
Avez-vous des enfants?

Do they live at home?
Vivent-ils à la maison?

Do you live at home?
Vivez-vous à la maison?

Do you live in your own home?
Vivez-vous dans votre propre maison?

Do you live in a house?
Vivez-vous dans une maison?

Do you live in an apartment?
Vivez-vous dans un appartement?

We live in a nice apartment.
Nous vivons dans un bel appartement.

We already live in a big house.
Nous vivons déjà dans une grande maison.

Do you live in town or in the countryside?
Habitez-vous en ville ou à la campagne?

Summer is rather hot.
L'été est assez chaud.

Summer is hot in Paris.
L'été est chaud à Paris.

Winter is short in Monaco.
L'hiver est court à Monaco.

Spain is hot and sunny in summer.
L'Espagne est chaud et ensoleillé en été.

Summer arrived in June.
Été est arrivé en Juin.

Summer has arrived.
L'été est arrivé.

Summer arrived later than usual.
Été est arrivé plus tard que d'habitude.

Winter arrived in December.
Hiver est arrivé en Décembre.

Winter arrived today.
Hiver est arrivé aujourd'hui.

Winter has arrived.
L'hiver est arrivé.

Winter arrived earlier than usual.
Hiver est arrivé plus tôt que d'habitude.

In winter it snows and rains.
En hiver, il neige et pluies.

It snows in the mountains.
Il neige dans les montagnes.

Canada is cold in winter.
Le Canada est froid en hiver.

It snows more in the north.
Il neige plus dans le nord.

It snows less in the south.
Il neige moins dans le sud.

Do you plan to work during your vacation?
Comptez-vous travailler pendant vos vacances?

Do you intend to work during your holidays?
Avez-vous comptez travailler pendant vos vacances?

Do you intend to work over the weekend?
Avez-vous comptez travailler le weekend?

Do you plan to work overseas?
Avez-vous l'intention de travailler à l'étranger?

Do you intend to work from home?
Avez-vous l'intention de travailler à domicile?

I intend to work by myself.
J'ai l'intention de travailler par moi-même.

I intend to work inside the system.
J'ai l'intention de travailler à l'intérieur du système.

I intend to work outside the system.
J'ai l'intention de travailler à l'extérieur du système.

I intend to work in a big company.
J'ai l'intention de travailler dans une grande entreprise.

I intend to work with people.
J'ai l'intention de travailler avec les gens.

I have never had the intention to work for them.
Je n'ai jamais eu l'intention de travailler pour eux.

We intend to work together.
Nous avons l'intention de travailler ensemble.

He intends to work for himself.
Il a l'intention de travailler pour lui-même.

She has never had the intention to work by herself.
Elle n'a jamais eu l'intention de travailler par elle-même.

I intend to work on Saturday.
J'ai l'intention de travailler le samedi.

Do you work on Wednesday nights?
Travaillez-vous le mercredi soir?

Do you work on Sundays?
Travaillez-vous le dimanche?

Do you travel through the city to get to work?
Traversez-vous la ville pour venir travailler?

How many days are there in June?
Combien de jours y a-t-il en juin?

Do you like thick-soled shoes?
Aimez-vous les chaussures à grosses semelles?

What are you doing next Saturday?
Qu'allez-vous faire samedi prochain?

Do you often go to the seaside?
Allez-vous souvent au bord de la mer?

Do you have lunch at noon?
Vous déjeunez à midi?

No, I have lunch at two o'clock.
Non, je déjeune à deux heures.

Do you arrive at four o'clock?
Vous arrivez à quatre heures?

No, I arrive at six o'clock.
Non, j'arrive à six heures.

Do you have lunch at one o'clock?
Vous déjeunez à une heure?

No, I have lunch at two o'clock.
Non, je déjeune à deux heures.

Do you arrive at eight o'clock?
Vous arrivez à huit heures?

No, I 1arrive at nine o'clock.
Non, j 1arrive à neuf heures.

Do you arrive at ten o'clock?
Vous arrivez à dix heures?

No, I arrive at twelve o'clock.
Non, j'arrive à douze heures.

Do you arrive at six o'clock?
Vous arrivez à six heures?

No, I arrive at seven o'clock.
Non, j'arrive à sept heures.

Do you have lunch at eleven o'clock?
Vous déjeunez à onze heures?

No, I have lunch at noon.
Non, je déjeune à midi.

Do you arrive at nine o'clock?
Vous arrivez à neuf heures?

No, I arrive at ten o'clock.
Non, j'arrive à dix heures.

Do you have some change?
Avez-vous de la monnaie?

No, I do not have any change.
Non, je n'ai pas de monnaie.

Do you have any aspirin?
Avez-vous de l'aspirine?

No, I do not have aspirin.
Non, je n'ai pas d'aspirine.

Do you have some children?
Avez-vous des enfants?

No, I do not have any children.
Non, je n'ai pas d'enfants.

Do you have a place?
Avez-vous une place?

No, I do not have a place.
Non, je n'ai pas une place.

Do you have some cheese?
Avez-vous du fromage?

No, I do not have any cheese.
Non, je n'ai pas de fromage.

Do you have a car?
Avez-vous une auto?

No, I do not have a car.
Non, je n'ai pas d'auto.

Do you have some holidays?
Avez-vous des vacances?

No, I do not have any holidays.
Non, je n'ai pas de vacances.

Do you have a brother?
Avez-vous un frère?

No, I do not have a brother.
Non, je n'ai pas de frère.

Do you have some bread?
Avez-vous du pain?

No, I do not have any bread.
Non, je n'ai pas de pain.

Are you bringing a suitcase?
Apportez-vous une valise?

No, I am not bringing a suitcase.
Non, je n'apporte pas une valise.

Are you insuring the suitcase?
Assurez-vous la valise?

No, I am not insuring the suitcase.
Non, je n'assure pas la valise.

Are you insuring the luggage?
Assurez-vous les bagages?

No, I am not insuring the luggage.
Non, je n'assure pas les bagages.

Are you criticising Normandy?
Critiquez-vous la Normandie?

No, I am not criticising Normandy.
Non, je ne critique pas la Normandie.

Are you asking for some forms?
Demandez-vous des fiches?

No, I am not asking for any forms.
Non, je ne demande pas de fiches.

Do you have tickets?
Avez-vous les billets?

No, I do not have tickets.
Non, je n'ai pas les billets.

Do you have the ticket?
Avez-vous le billet?

No, I do not have the ticket.
Non, je n'ai pas le billet.

Do you have some sugar?
Avez-vous du sucre?

No, I do not have any sugar.
Non, je n'ai pas de sucre.

Do you know the lesson?
Savez-vous la leçon?

No, I do not know the lesson.
Non, je ne sais pas la leçon.

Is there some aspirin?
Y a-t-il de l'aspirine?

No, there is no aspirin.
Non, il n'y a pas d'aspirine.

Do you have any luggage?
Avez-vous des bagages?

Does he often take aspirin?
Prend-il souvent de l'aspirine?

Do they have the change for one hundred euros?
Ont-ils la monnaie de cent euros?

Do you rent the place?
Louez-vous la place?

Do you have some cream?
Avez-vous de la crème?

Chapter VI
Chapitre VI

Is there some sunshine in Paris?
Y a-t-il du soleil à Paris?

Is there a lot of sun in New York?
Y a-t-il beaucoup de soleil à New York?

Should you buy some bread?
Faut-il acheter du pain?

Are you going to find some seats?
Allez-vous trouver des places?

It is dry in the south of France in summer.
Il fait sec dans le Midi en été.

We have to stay at the office tonight.
Il faut rester au bureau ce soir.

He is packing his bags.
Il fait ses bagages.

Which dress do you want to try on?
Quelle robe voulez-vous essayer?

Some outfits go very well on you.
Certains costumes vous vont très bien.

Do you not have Janine's address?
N'avez-vous pas l'adresse de Janine?

At which friend's place are you having lunch?
Chez quel ami déjeunez-vous?

With whom are you going out on Saturday?
Avec qui sortez-vous samedi?

It is not worth the hassle of calling the manager.
Ce n'est pas la peine de téléphoner au gérant.

Let me introduce you to Mr Lelong.
Permettez-moi de vous présenter Monsieur Lelong.

I am pleased to make your acquaintance.
Je suis heureux de faire votre connaissance.

Have you heard from your brother?
Avez-vous des nouvelles de votre frère?

My sister is with them.
Ma sœur est avec eux.

See you soon, I hope.
A bientôt, j'espère.

It is near here.
Il est près d'ici.

Send them my best regards.
Transmettez-leur mon meilleur souvenir.

Are your parents still on vacation?
Vos parents sont-ils toujours en vacances?

Would you show me it?
Voulez-vous me la montrer?

We have a lovely room on the first floor.
Nous avons une jolie chambre au premier étage.

It suits me very well indeed.
Cela me convient tout-à-fait.

I am going to bring your luggage.
Je vais faire apporter vos bagages.

This is a very good restaurant.
C'est un très bon restaurant.

The coffee is strong.
Le café est fort.

The tea is cold.
Le thé est froid.

The cafe is busy.
Le café est occupé.

The cafe is bustling.
Le café est très animé.

The cafe is very busy and very noisy.
Le café est très occupé et très bruyant.

The cafe is open at seven o'clock.
Le café est ouvert à sept heures.

The store is open from seven in the morning.
Le magasin est ouvert de sept heures du matin.

The store is open until five in the afternoon.
Le magasin est ouvert jusqu'à cinq heures l'après-midi.

The store is open until nine o'clock in the evening.
Le magasin est ouvert jusqu'à neuf heures du soir.

Lunch is from twelve until one o'clock in the afternoon.
Le déjeuner est de douze jusqu'à une heure l'après-midi.

The cafe is open to the public.
Le café est ouvert au public.

The bar is not open during the day.
Le bar n'est pas ouvert pendant la journée.

The park is open every day at six o'clock.
Le parc est ouvert tous les jours à six heures.

The cafe is open during holidays.
Le café est ouvert pendant les vacances.

The caravan park is open during school holidays.
Le parc de caravanes est ouvert pendant les vacances scolaires.

I sleep in the afternoon.
Je dors dans l'après-midi.

I do not sleep during the day.
Je ne dors pas pendant la journée.

If I am asleep, wake me up.
Si je dors, réveille-moi.

If I fall asleep, wake me up.
Si je m'endors, me réveiller.

Wake me up when we get there.
Réveillez-moi quand nous y serons.

I am beginning to wake up.
Je commence à se réveiller.

We are beginning to wake up.
Nous commençons à se réveiller.

You are beginning to wake up.
Vous commencez à se réveiller.

She is beginning to wake up.
Elle commence à se réveiller.

They are beginning to wake up.
Ils commencent à se réveiller.

Wake me up tomorrow at seven o'clock.
Réveillez-moi demain à sept heures.

My family is coming tonight.
Ma famille arrive ce soir.

My family arrive tonight.
Ma famille arrive ce soir.

My cousin arrives this afternoon.
Mon cousin arrive cet après-midi.

My friend arrives tomorrow morning.
Mon ami arrive demain matin.

My sister arrives the day after tomorrow.
Ma sœur arrive après-demain.

My parents arrive tonight.
Mes parents arrivent ce soir.

I am on my way to Greece.
Je suis sur mon chemin vers la Grèce.

I will be on my way to Denmark.
Je serai sur mon chemin vers le Danemark.

I would be on my way to Russia.
Je serais sur mon chemin vers la Russie.

I was on my way to the shops.
J'étais sur mon chemin vers les magasins.

I will arrive tonight.
Je vais arriver ce soir.

I will arrive tonight.
J'arriverai ce soir.

I arrived in the night.
Je suis arrivé dans la nuit.

I was arriving the night before.
J'arrivais la veille.

I was arriving last night.
J'arrivais la nuit dernière.

On every trip, I arrived early in the morning.
A chaque voyage, j'arrivais tôt le matin.

I am in a hurry.
Je suis pressé.

I am in a hurry to finish the job.
Je suis pressé de finir le travail.

I am looking forward to working with her.
Je suis pressé de travailler avec elle.

I am eager to work with them.
Je suis impatient de travailler avec eux.

I am eager to see my friend.
Je suis impatient de voir mon ami.

I am eager to see my new boss.
Je suis impatient de voir mon nouveau patron.

I am eager to see the country.
Je suis impatient de voir le pays.

I am keen to see the sights.
Je suis impatient de voir les curiosités.

I am not in a hurry.
Je ne suis pas pressé.

I do not understand you.
Je ne vous comprends pas.

I do not understand them.
Je ne les comprends pas.

I do not understand her.
Je ne la comprends pas.

I do not understand him.
Je ne le comprends pas.

I do not understand it.
Je ne comprends pas.

We do not understand you.
Nous ne vous comprenons pas.

She does not understand you.
Elle ne vous comprend pas.

They do not understand you.
Ils ne vous comprennent pas.

I do not understand what she means.
Je ne comprends pas ce qu'elle veut dire.

I do not understand what he wants to say.
Je ne comprends pas ce qu'il veut dire.

You are late for your bus.
Vous êtes en retard pour votre bus.

You are late for your appointment with destiny.
Vous êtes en retard pour votre rendez-vous avec le destin.

You are late for your French class.
Vous êtes en retard pour votre classe de français.

You have to wait for your bus.
Vous devez attendre votre bus.

You have to wait for three days.
Vous devez attendre pendant trois jours.

You have to wait for things to change.
Vous devez attendre que les choses changent.

What does this word mean?
Que veut dire ce mot?

What does this word mean?
Que signifie ce mot?

What does this mean?
Qu'est-ce que cela signifie?

What does this mean to you?
Qu'est-ce que cela signifie pour vous?

What does this mean to your business?
Qu'est-ce que cela signifie pour votre entreprise?

What do these measures mean?
Qu'est-ce que ces mesures signifient?

It means that everything is cheaper in France.
Cela signifie que tout est moins cher en France.

It means that everything is more expensive in England.
Cela signifie que tout est plus cher en Angleterre.

It means that everybody is different.
Cela signifie que tout le monde est différent.

It means that each day is never the same.
Cela signifie que chaque jour n'est jamais la même.

They close at six o'clock.
Ils ferment à six heures.

Do you want me to drop you somewhere?
Voulez-vous que je vous dépose quelque part?

I do not want to bother you.
Je ne voudrais pas vous déranger.

I will arrive on time.
J'arriverai à temps.

I am taking a taxi.
Je prends un taxi.

We have several of them for free.
Nous en avons plusieurs de libres.

They go aboard.
Ils montent.

I climb into my attic.
Je monte dans mon grenier.

They climb into their vehicle.
Ils montent dans leur véhicule.

It is midnight.
Il est minuit.

It is a quarter to five.
Il est cinq heures moins le quart.

My family arrive in ten forty-five.
Ma famille arrive à onze heures moins le quart.

Do you want to fill out these forms?
Voulez-vous remplir ces fiches?

I do not know.
Je ne sais pas.

I think they close at six o'clock.
Je crois qu'ils ferment à six heures.

It is not worth the trouble.
Ce n'est pas la peine.

How many trunks do you have?
Combien de malles avez-vous?

How much do I owe you?
Combien vous dois-je?

How much do I have to pay?
Combien dois-je payer?

How much do I have to pay for a haircut?
Combien dois-je payer pour une coupe de cheveux?

How much is the coffee here?
Combien coûte le café ici?

How much does it cost?
Combien ça coûte?

Do you know how much that costs?
Savez-vous combien ça coûte?

How much does it cost to use a mobile phone overseas?
Combien ça coûte d'utiliser un téléphone portable à l'étranger?

How many students learn French at school?
Combien d'élèves apprennent le français à l'école?

How many children learn English at home?
Combien d'enfants apprennent l'anglais à la maison?

On what train are you leaving?
Par quel train partez-vous?

My son is coming home next week.
Mon fils rentre la semaine prochaine.

Do not read the lesson.
Ne lisez pas la leçon.

Au revoir.
Au revoir.

I would also like to buy shoes.
Je voudrais aussi acheter des chaussures.

I would also like to buy an orange juice.
Je voudrais aussi acheter un jus d'orange.

I would also like to speak to the manager.
Je voudrais aussi parler au directeur.

I would also like to speak to the customer.
Je voudrais aussi parler au client.

I would also like to express my regret.
Je voudrais aussi exprimer mes regrets.

I would also like to mention something.
Je voudrais aussi mentionner quelque chose.

I would also like to say how grateful I am.
Je voudrais aussi dire combien je suis reconnaissant.

This is exactly what I need.
C'est exactement ce qu'il me faut.

That is exactly what I was thinking.
C'est exactement ce que je pensais.

That is exactly what I want to express in French.
C'est exactement ce que je veux exprimer en français.

That is exactly what I wanted to express in my letter.
C'est exactement ce que je voulais exprimer dans ma lettre.

What do I mean?
Qu'est-ce que je veux dire?

What I want to say is this.
Ce que je veux dire est ceci.

The point I want to make is this.
Le point que je veux faire est la suivante.

Let me express what I mean.
Permettez-moi d'exprimer ce que je veux dire.

Allow me to express my surprise.
Permettez-moi d'exprimer ma surprise.

Allow me to express my concern.
Permettez-moi d'exprimer ma préoccupation.

Let me express my feelings.
Permettez-moi d'exprimer mes sentiments.

Allow me to express my appreciation.
Permettez-moi d'exprimer ma gratitude.

That is what I wanted to say.
C'est ce que je voulais dire.

I know what I want to say.
Je sais ce que je veux dire.

I only want to say hello.
Je veux seulement dire bonjour.

I only wanted to say one thing.
Je voulais seulement dire une chose.

I only wanted to say I had a nice time.
Je voulais seulement dire que j'ai eu un bon moment.

These are on sale.
Celles-ci sont en solde.

Where can I reserve my seats?
Où puis-je retenir mes places?

I can give you two window seats.
Je peux vous donner deux coins fenêtres.

What is the weather like in winter?
Quel temps fait-il en hiver?

He has a villa for the season.
Il a une villa pour la saison.

We sell a lot of them.
Nous en vendons beaucoup.

For what date?
Pour quelle date?

The train leaves on time.
Le train part à l'heure.

One buys bread at the bakery.
On achète du pain chez le boulanger.

Do you work on Wednesdays?
Travaillez-vous le mercredi?

I do not know yet.
Je ne sais pas encore.

Coats can be cleaned at the dry cleaners.
On fait nettoyer les manteaux chez le teinturier.

My wife does not like heat.
Ma femme n'aime pas la chaleur.

Here are three models in brown.
Voici trois modèles en marron.

Are you going out on Tuesday?
Sortez-vous mardi?

This pair fits me very well.
Cette paire me va très bien.

What did you do during the weekend?
Qu'avez-vous fait pendant le weekend?

I went to Versailles.
Je suis allé à Versailles.

We are going to Normandy.
Nous allons en Normandie.

I love Normandy.
J'aime la Normandie.

They are in Normandy.
Ils sont en Normandie.

I am travelling through Normandy.
Je traverse la Normandie.

You are in Normandy.
Vous êtes en Normandie.

He is going to Normandy.
Il va en Normandie.

We like Normandy.
Nous aimons la Normandie.

I am going to the pharmacy.
Je vais à la pharmacie.

I am going to the store.
Je vais au magasin.

I am going to the hotel.
Je vais à l'hôtel.

I am going to the office.
Je vais au bureau.

I am going to the station.
Je vais à la gare.

I am going into town.
Je vais en ville.

I am going to the ground floor.
Je vais au rez-de-chaussée.

I am going to the grocery store.
Je vais à l'épicerie.

I love the room.
J'aime la chambre.

I eat lunch in the room.
Je déjeune dans la chambre.

I am in the room.
Je suis dans la chambre.

I am closing the door.
Je ferme la porte.

I am going to lock the door.
Je vais fermer la porte.

I am going into the room.
Je vais dans la chambre.

I am renting the room.
Je loue la chambre.

I do not like the room.
Je n'aime pas la salle.

It is too small for me.
Il est trop petit pour moi.

I am going up to the room.
Je monte dans la chambre.

They love the ground floor.
Ils aiment le rez-de-chaussée.

They are on the ground floor.
Ils sont au rez-de-chaussée.

They are repairing the ground floor.
Ils réparent le rez-de-chaussée.

They are going to the ground floor.
Ils vont au rez-de-chaussée.

They are renting the ground floor.
Ils louent le rez-de-chaussée.

They are eating breakfast on the ground floor.
Ils déjeunent au rez-de-chaussée.

They are cleaning the ground floor.
Ils nettoient le rez-de-chaussée.

They are working on the ground floor.
Ils travaillent au rez-de-chaussée.

They have the ground floor.
Ils ont le rez-de-chaussée.

They love the seaside.
Ils aiment le bord de la mer.

They are going to the seaside
Ils vont au bord de la mer.

They are going to the countryside.
Ils vont à la campagne.

We are having lunch in the countryside.
Nous déjeunons à la campagne.

We are having lunch at the restaurant.
Nous déjeunons au restaurant.

I am hiring the restaurant.
Je loue le restaurant.

I am renting the room.
Je loue la chambre.

They are in the room.
Elles sont dans la chambre.

They are at the seaside
Elles sont au bord de la mer.

We are going to the seaside
Nous allons au bord de la mer.

We are going to the bakery.
Nous allons à la boulangerie.

The bakery is closed.
On ferme la boulangerie.

The cafe is closed.
On ferme le café.

They are arriving at the cafe.
Elles arrivent-au café.

Do you have any bread?
Avez-vous du pain?

Do you have any cream?
Avez-vous de la crème?

Do you have any salad?
Avez-vous de la salade?

Do you have some sugar?
Avez-vous du sucre?

Do you have any milk?
Avez-vous du lait?

Do you have any cheese?
Avez-vous du fromage?

Do you have any aspirin?
Avez-vous de l'aspirine?

Do you have some cream?
Avez-vous de la crème?

Is there some butter?
Y a-t-il du beurre?

Are there any tickets?
Y a-t-il des billets?

Are there any cars?
Y a-t-il des autos?

Is there any jewellery?
Y a-t-il des bijoux?

Is there any wind?
Y a-t-il du vent?

Are there any cakes?
Y a-t-il des gâteaux?

Is there some coffee?
Y a-t-il du café?

No, there is no coffee.
Non, il n'y a pas de café.

Are there any seats?
Y a-t-il des places?

No, there are no seats.
Non, il n'y a pas de places.

Is there any cheese?
Y a-t-il du fromage?

No, there is no cheese.
Non, il n'y a pas de fromage.

Are there any eggs?
Y a-t-il des œufs?

No, there are no eggs.
Non, il n'y a pas d'œufs.

Is there any sunshine?
Y a-t-il du soleil?

No, there is no sunshine.
Non, il n'y a pas de soleil.

Is there any salad?
Y a-t-il de la salade?

No, there is no salad.
Non, il n'y a pas de salade.

Are there any windows?
Y a-t-il des fenêtres?

No, there are no windows.
Non, il n'y a pas de fenêtres.

Is there any news?
Y a-t-il des nouvelles?

No, there is no news.
Non, il n'y a pas de nouvelles.

Is there any good news?
Y a-t-il de bonnes nouvelles?

I have a big kitchen.
J'ai une grande cuisine.

I have a little bathroom.
J'ai une petite salle de bains.

I have an interesting life.
J'ai une vie intéressante.

I work too hard.
Je travaille trop fort.

I work very hard for my money.
Je travaille très fort pour mon argent.

I do not have a social life.
Je n'ai pas une vie sociale.

I do not work much.
Je ne travaille pas beaucoup.

I go to the pub every night.
Je vais au pub tous les soirs.

I go to the cafe every morning.
Je vais au café tous les matins.

I work too hard and drink too much coffee.
Je travaille trop fort et bois trop de café.

I work hard and party a lot.
Je travaille dur et parti beaucoup.

I go out a lot with my friends.
Je sors beaucoup avec mes amis.

My husband always tells me I work too hard.
Mon mari me dit toujours que je travaille trop dur.

My wife often tells me I work too hard.
Ma femme me dit souvent que je travaille trop dur.

I worked on Wednesday night.
J'ai travaillé la nuit de mercredi.

I was working seven days a week.
Je travaillais sept jours par semaine.

I was working too much.
Je travaillais trop.

We do not have any seats.
Nous n'avons pas de places.

We do not have any tickets.
Nous n'avons pas de billets.

We have some tickets.
Nous avons des billets.

We have some luggage.
Nous avons des bagages.

They do not have any baggage.
Ils n'ont pas de bagages.

They do not have any vegetables.
Ils n'ont pas de légumes.

I would like some vegetables.
Je voudrais des légumes.

One can purchase medicines at the pharmacy.
On achète les médicaments à la pharmacie.

You can buy bread at the bakery.
On achète le pain à la boulangerie.

One can buy meat at the butcher shop.
On achète la viande à la boucherie.

Jewellery can be bought at the jewellers.
On achète les bijoux à la bijouterie.

One can buy butter in the dairy section.
On achète le beurre à la crèmerie.

You can buy clothes at the department store.
On achète les vêtements au grand magasin.

One can buy vegetables at the greengrocer.
On achète les légumes chez le marchand de légumes.

Go to the pharmacy.
Allez à la pharmacie.

Go to the pharmacist.
Allez chez le pharmacien.

Go to the jeweller.
Allez chez le bijoutier.

Go to the bakery.
Allez à la boulangerie.

Go to the butcher.
Allez chez le boucher.

Go to the dry cleaner.
Allez chez le teinturier.

Go to the laundry.
Allez à la blanchisserie.

Go to the laundry.
Allez chez le blanchisseur.

Go to the grocery store.
Allez à l'épicerie.

Isn't it beautiful?
Ne fait-il pas beau?

Yes, it is nice.
Si, il fait beau.

Is it cold?
Fait-il froid?

Yes, it is cold.
Oui, il fait froid.

Does it snow?
Neige-t-il?

Yes, it snows.
Oui, il neige.

Is there not some wind?
N'y a-t-il pas de vent?

Yes, there is some wind.
Si, il y a du vent.

Is there some sunshine?
Y a-t-il du soleil?

Yes, there is the sunshine.
Oui, il y a du soleil.

Is it dry?
Fait-il sec?

Yes, it is dry.
Oui, il fait sec.

Isn't it humid?
Ne fait-il pas humide?

Yes, it is humid.
Si, il fait humide.

Is there some wind?
Y a-t-il du vent?

Yes, there is some wind.
Oui, il Y a du vent.

Isn't it cold?
Ne fait-il pas froid?

Yes, it is cold.
Si, il fait froid.

Is it humid?
Fait-il humide?

Yes, it is humid.
Oui, il fait humide.

Isn't it hot?
Ne fait-il pas chaud?

Yes, it is hot.
Si, il fait chaud.

The maid will take you there.
La femme de chambre va vous y conduire.

We will take you there.
Nous allons vous y conduire.

We will take you there.
On va vous y conduire.

My friends will take you there.
Mes amis vont vous y conduire.

I will take you there.
Je vais vous y conduire.

My friend will take you there.
Mon ami va vous y conduire.

Janine will take you there.
Janine va vous y conduire.

However, my family is coming tonight.
Mais ma famille arrive ce soir.

However, we arrive tonight.
Mais nous arrivons ce soir.

However, my sister is coming tonight.
Mais ma sœur arrive ce soir.

However, I arrive tonight.
Mais j'arrive ce soir.

However, you arrive tonight.
Mais vous arrivez ce soir.

However, my brother is coming tonight.
Mais mon frère arrive ce soir.

Will they go to the south of France?
Vont-ils dans le Midi?

No, they do not like heat.
Non, ils n'aiment pas la chaleur.

Will she go to the south of France?
Va-t-elle dans le Midi?

No, she does not like heat.
Non, elle n'aime pas la chaleur.

Will you go to the south of France?
Allez-vous dans le Midi?

No, I do not like heat.
Non, je n'aime pas la chaleur.

Will your parents go to the south of France?
Vos parents vont-ils dans le Midi?

No, they do not like heat.
Non, ils n'aiment pas la chaleur.

Will your friends go to the south of France?
Vos amies vont-elles dans le Midi?

No, they do not like heat.
Non, elles n'aiment pas la chaleur.

Will your friend go to the south of France?
Votre ami va-t-il dans le Midi?

No, he does not like heat.
Non, il n'aime pas la chaleur.

And you, where are you going this year.
Et vous, où allez-vous cette année.

I have a villa in Normandy for the season.
J'ai une villa en Normandie pour la saison.

And your friend, where is she going this year?
Et votre amie, où va-t-elle cette année?

She has a cottage in Normandy for the season.
Elle a un chalet en Normandie pour la saison.

And your friends, where are they going this year?
Et vos amis, où vont-ils cette année?

They have a big house in Toulouse for the season.
Ils ont une grande maison à Toulouse pour la saison.

And your friend, where is he going this year?
Et votre ami, où va-t-il cette année?

He has an apartment in Lyon for the season.
Il a un appartement à Lyon pour la saison.

I have a room in Nantes for the season.
J'ai une chambre à Nantes pour la saison.

And you and your wife, where are you going this year?
Et vous et votre femme, où allez-vous cette année?

We have a villa in Normandy for the season.
Nous avons une villa en Normandie pour la saison.

And your friends, where are they this year?
Et vos amies, où vont-elles cette année?

They have a house in Marseille for the season.
Elles ont une maison à Marseille pour la saison.

And Janine, where is she going this year?
Et Janine, où va-t-elle cette année?

She has a flat in Normandy for the season.
Elle a un appartement en Normandie pour la saison.

Do you have the dates?
Avez-vous la date?

No, we do not have the dates.
Non, nous n'avons pas la date.

Do you have some bunks?
Avez-vous des couchettes?

No, we do not have any bunks.
Non, nous n'avons pas de couchettes.

Will you go in the south of France?
Allez-vous dans le Midi?

No, we are not going in the south of France.
Non, nous n'allons pas dans le Midi

Do you like the heat?
Aimez-vous la chaleur?

No, we do not like heat.
Non, nous n'aimons pas la chaleur.

Do you close at noon?
Fermez-vous à midi?

No, we do not close at midday.
Non, nous ne fermons pas à midi.

Do you have a car?
Avez-vous une auto?

No, we do not have a car.
Non, nous n'avons pas d'auto.

Do you have the tickets?
Avez-vous les billets?

No, we do not have the tickets.
Non, nous n'avons pas les billets.

Do you have some tickets?
Avez-vous des billets?

No, we do not have any tickets.
Non, nous n'avons pas de billets.

Are you late?
Etes-vous en retard?

No, we are not late.
Non, nous ne sommes pas en retard.

Do you have to cross the city?
Traversez-vous la ville?

No, we do not have to cross the city.
Non, nous ne traversons pas la ville.

Do you like the city?
Aimez-vous la ville?

No, we do not like the city.
Non, nous n'aimons pas la ville.

Do you stay in the city?
Restez-vous en ville?

No, we do not stay in town.
Non, nous ne restons pas en ville.

Do you start at nine o'clock?
Commencez-vous à neuf heures?

No, we do not start at nine o'clock.
Non, nous ne commençons pas à neuf heures.

Did you get the rooms?
Faites-vous les chambres?

No, we do not have the rooms.
Non, nous ne faisons pas les chambres.

Are you renting some rooms?
Louez-vous des chambres?

No, we are not renting any rooms.
Non, nous ne louons pas de chambres.

Do you have some friends?
Avez-vous des amis?

No, we do not have any friends.
Non, nous n'avons pas d'amis.

Are you closing the windows?
Fermez-vous les fenêtres?

No, we are not closing the windows.
Non, nous ne fermons pas les fenêtres.

Are you going to the shoemaker?
Allez-vous chez le cordonnier?

No, we are not going to the shoemaker.
Non, nous n'allons pas chez le cordonnier.

Are you making more styles?
Faites-vous plusieurs modèles?

No, we are not making any more models.
Non, nous ne faisons pas plusieurs modèles.

Do you repair shoes?
Réparez-vous des chaussures?

No, we do not repair shoes.
Non, nous ne réparons pas de chaussures.

Let me introduce you to my friend.
Permettez-moi de vous présenter mon ami.

I am pleased to make your acquaintance, sir.
Je suis heureux de faire votre connaissance, Monsieur.

Have you heard from your friends?
Avez-vous des nouvelles de vos amis?

Here are your friends.
Voilà vos amis.

My brother returns next week.
Mon frère rentre la semaine prochaine.

Do your parents go on vacation this year?
Vos parents vont-ils en vacances cette année?

I always go in the south of France.
Je vais toujours dans le Midi.

When are you going to the seaside?
Quand allez-vous au bord de la mer?

How is your friend going?
Comment va votre ami?

I hope this is my train.
J'espère que c'est mon train.

It is a very pleasant climate.
C'est un très bon climat.

I am not in a hurry.
Je ne suis pas très pressé.

What did you do there?
Qu'avez-vous fait là-bas?

I went to Versailles by car.
Je suis allé à Versailles en auto.

Did you take the new road through the forest?
La nouvelle route traverse la forêt.

Do you know where he is?
Savez-vous où il est?

At what time do they arrive?
A quelle heure arrivent-ils?

What is the weather like over there?
Quel temps fait-il là-bas?

Where do they go during the weekend?
Où vont-ils pendant le weekend?

How many days do you have?
Combien de jours avez-vous?

We find a lot of them.
Nous en trouvons beaucoup.

This is all that remains.
C'est tout ce qu'il reste.

They are still here.
Ils sont toujours ici.

What time do you open the shop?
A quelle heure ouvrez-vous le magasin?

When do you want lunch?
Quand voulez-vous déjeuner?

We are going to take you there.
Nous allons vous y conduire.

We change trains at Lyon.
Nous changeons de train à Lyon.

I see my friends during the weekend.
Je vois mes amis pendant le weekend.

What time are you free?
A quelle heure êtes-vous libre?

What can I do?
Que puis-je faire?

When can I leave?
Quand puis-je partir?

There is something over there.
Il y a quelque chose là-bas.

In which compartment are they?
Dans quel compartiment sont-ils?

By what train are you leaving?
Par quel train partez-vous?

At what time do they close?
A quelle heure ferment-ils?

I do not know what time they close.
Je ne sais pas à quelle heure ils ferment.

You could always take a taxi.
Vous pouvez toujours prendre un taxi.

I will arrive on Sunday afternoon.
J'arriverai dimanche après-midi.

Where are you dropping your friends?
Où déposez-vous vos amis?

What is your shirt size?
Quelle est votre encolure?

This is what I need.
C'est ce qu'il me faut.

It is this way.
C'est par ici.

This is what is left.
C'est ce qu'il reste.

Give me two of them.
Donnez-m'en deux.

Buy me them.
Achetez-m'en.

It is on sale.
C'est en solde.

The fruit is not expensive.
Les fruits ne sont pas chers.

Does he wash his shirts?
Lave-t-il ses chemises?

I went into town by car.
Je suis allé en ville en auto.

The road was slippery.
La route était glissante.

It must also be very pretty.
Elle doit être aussi très jolie.

Do you go through the forest?
Traversez-vous la forêt?

It is a very nice villa.
C'est une très belle villa.

It is warm and damp there.
Il y fait chaud et humide.

I do not like the climate.
Je n'aime pas le climat.

The countryside is very pretty in the spring.
La campagne est très jolie au printemps.

The sun is very strong today.
Le soleil est très fort aujourd'hui.

What is the weather like in winter?
Quel temps fait-il en hiver?

I am staying in Paris until next week.
Je reste à Paris jusqu'à la semaine prochaine.

It always snows.
Il neige toujours.

It is still snowing.
Il neige toujours.

It was cold last year.
Il a fait froid l'année dernière.

Where are you planning to go this summer?
Où comptez-vous aller cet été?

Where do you live?
Où habitez-vous?

Do you like this restaurant?
Aimez-vous ce restaurant?

What are you going to do?
Qu'allez-vous faire?

She is prettier than Janine is.
Elle est plus jolie que Janine.

He is more handsome than John is.
Il est plus beau que John.

Do you have any medicine?
Avez-vous des médicaments?

I do not know what time they close.
Je ne sais pas à quelle heure ils ferment.

It is the heat.
C'est la chaleur.

Try this outfit.
Essayez ce costume.

Here is the office.
Voilà le bureau.

I love the fruit.
J'aime les fruits.

We do not have the tickets.
Nous n'avons pas les billets.

We do not have your ticket.
Nous n'avons pas votre billet.

I do not know the date.
Je ne sais pas la date.

Do you have some jewellery?
Avez-vous des bijoux?

I do not like the climate.
Je n'aime pas le climat.

I am looking for my berth.
Je cherche ma couchette.

Where are the cookies?
Où sont les gâteaux?

I also work on Saturdays.
Je travaille aussi le samedi.

This is my store.
Voilà mon épicerie.

Do you have your luggage?
Avez-vous vos bagages?

I do not like sugar.
Je n'aime pas le sucre.

We do not have any baggage.
Nous n'avons pas de bagages.

They have the time.
Ils ont le temps.

Do you want the jewellery?
Voulez-vous les bijoux?

I do not like this room.
Je n'aime pas cette chambre.

I am looking for some white shirts.
Je cherche des chemises blanches.

I am going to bring the luggage.
Je vais faire apporter les bagages.

Do you like the fruit?
Aimez-vous les fruits?

I do not know where their seats are.
Je ne sais pas où sont leurs places.

Do you have some seats?
Est-ce que vous avez des places?

I am going to bring their luggage.
Je vais faire apporter leurs bagages.

I am looking for their compartment.
Je cherche leur compartiment.

Do you have the tickets?
Avez-vous les billets?

I do not know where their seats are.
Je ne sais pas où sont leurs places.

Close their windows, please.
Fermez leurs fenêtres, s'il vous plaît.

Open your window, please.
Ouvrez votre fenêtre, s'il vous plaît.

Open the window a little, please.
Ouvrez la fenêtre un peu, s'il vous plaît.

I do not understand their questions.
Je ne comprends pas leurs questions.

I speak English very well.
Je parle très bien l'anglais.

I speak a little French.

Je parle un peu français.

I speak English and a little French.

Je parle anglais et un peu français.

She speaks French very well.

Elle parle très bien le français.

He speaks a little English.

Il parle un peu anglais.

They speak English, French, and Spanish.

Ils parlent anglais, français et espagnol.

I do not understand because French is my second language.

Je ne comprends pas parce que le français est ma langue seconde.

I do not understand because I cannot speak French very well.

Je ne comprends pas parce que je ne peux pas parler très bien le français.

Chapter VII
Chapitre VII

Where are the vegetables?
Où sont les légumes?

Here is the suitcase.
Voilà la-valise.

I love this pair.
J'aime cette paire.

I do not take sugar.
Je ne prends pas de sucre.

I do not like these outfits.
Je n'aime pas ces costumes.

Here are our suitcases.
Voilà nos valises.

Where is the grocery store?
Où est l'épicerie?

Are you having lunch with your sister?
Vous déjeunez avec votre sœur?

I hope that you have the information.
J'espère que vous avez les renseignements.

Do you know where she is?
Savez-vous où elle est?

Do you have any tickets?
Avez-vous des billets?

I think he is here.
Je crois qu'il est ici.

He is going to let his friends off at the station.
Il va déposer ses amis à la gare.

I plan to stay until the twelfth.
Je compte rester jusqu'au douze.

It is one hundred and twelve euros.
C'est cent douze euros.

This winter, it was colder than last winter.
Cet hiver, il a fait plus froid que l'hiver dernier.

There is a good suit.
Voilà un bon costume.

What is the weather like in summer?
Quel temps fait-il en été?

That makes twenty euros.
Ça fait vingt euros.

He lives on the twelfth floor.
Il habite au douzième étage.

They are going to take you there.
Ils vont vous y conduire.

Their daughter is here.
Leur fille est ici.

Is your shoe size thirty-eight or thirty-nine?
Chaussez-vous du trente-huit ou du trente-neuf?

I would like to talk to the employee.
Je voudrais parler à l'employé.

Are you going to reserve some seats?
Allez-vous retenir des places?

Their daughters are on vacation.
Leurs filles sont en vacances.

I do not know if I will arrive on time.
Je ne sais pas si j'arriverai à temps.

I am happy to be here.
Je suis heureux d'être ici.

Talk to the employees.
Parlez aux employés.

Their friend does not like this humid climate.
Leur ami n'aime pas ce climat humide.

This is just the style I need.
C'est exactement le modèle qu'il me faut.

She wants to try on the dress.
Elle veut essayer la robe.

It means something else.
Ça veut dire autre chose.

Sit down; you are not disturbing me.
Asseyez-vous; vous ne me dérangez pas.

They have some holidays.
Ils ont des vacances.

She is always in a hurry.
Elle est toujours pressée.

He likes the heat.
Il aime la chaleur.

She has a villa for the summer.
Elle a une villa pour l'été.

They are on vacation.
Ils sont en vacances.

They have a lot of luggage.
Elles ont beaucoup de bagages.

He is still in Paris.
Il est toujours à Paris.

They arrive tonight.
Elles arrivent ce soir.

He lives near here.
Il habite près d'ici.

She is on vacation.
Elle est en vacances.

She loves my brother.
Elle aime mon frère.

He has some holidays.
Il a des vacances.

I think she is going well.
Je crois qu'elle va bien.

I do not know where he is.
Je ne sais pas où il est.

I do not know where I am going.
Je ne sais pas où je vais.

I do not know where I will go.
Je ne sais pas où j'irai.

I do not know where I will go if I lose my job.
Je ne sais pas où j'irai si je perds mon emploi.

What happens if I lose my job?
Que faire si je perds mon emploi?

If I lose my job, I will go back to Switzerland.
Si je perds mon emploi, je vais rentrer en Suisse.

If I lose my job, I have some reserves.
Si je perds mon emploi, j'ai quelques réserves.

I have some money under my pillow.
J'ai de l'argent sous mon oreiller.

I have a little gold under my bed.
J'ai un peu d'or sous mon lit.

I have a few diamonds in a jar of marbles.
J'ai quelques diamants dans un bocal de billes.

However, I have some reservations.
Cependant, j'ai quelques réserves.

What if I lose my credit card?
Que faire si je perds ma carte de crédit?

What happens if I lose my money?
Que faire si je perds mon argent?

What if I lose my key?
Que faire si je perds ma clé?

I do not know where I will be tomorrow.
Je ne sais pas où je serai demain.

106

I do not know where I will be in six months.
Je ne sais pas où je serai dans six mois.

However, for the moment, I am happy.
Cependant, pour le moment, je suis heureux.

I do not know where my wife is.
Je ne sais pas où est ma femme.

I do not care where my husband is.
Je ne m'inquiète pas où est mon mari.

I do not know where to begin.
Je ne sais pas par où commencer.

I do not know where you come from.
Je ne sais pas d'où vous venez.

I do not care where you come from.
Je ne me soucie pas d'où vous venez.

I do not know what to say.
Je ne sais pas quoi dire.

I do not know what to say at the moment.
Je ne sais pas quoi dire pour le moment.

I do not know what to say, nor what to do.
Je ne sais pas quoi dire, ni quoi faire.

I really do not know what to say to you.
Je ne sais vraiment pas quoi vous dire.

I do not know what to say to them.
Je ne sais pas quoi leur dire.

I know what to say to them.
Je sais ce qu'il faut dire pour eux.

I do not know how to get there.
Je ne sais pas comment y arriver.

I can travel by train.
Je peux voyager en train.

I can travel by plane.
Je peux voyager en avion.

I can travel by boat.
Je peux voyager en bateau.

I can travel anywhere in the world.
Je peux voyager partout dans le monde.

I can travel around the world.
Je peux voyager à travers le monde.

I do not know what to do with my life.
Je ne sais pas quoi faire de ma vie.

I do not know why I am like this.
Je ne sais pas pourquoi je suis comme ça.

I do not know why I feel like this.
Je ne sais pas pourquoi je me sens comme ça.

I do not know why I changed.
Je ne sais pas pourquoi j'ai changé.

I do not know why I am tired.
Je ne sais pas pourquoi je suis fatigué.

I do not know why I am happy.
Je ne sais pas pourquoi je suis heureux.

I do not know why she is here.
Je ne sais pas pourquoi elle est ici.

I have fifty euros.
J'ai cinquante euros.

I have five children.
J'ai cinq enfants.

I have five hundred euros.
J'ai cinq cents euros.

I have one hundred and five euros.
J'ai cent cinq euros.

They have two children.
Ils ont deux enfants.

I have some children.
J'ai des enfants.

There are twelve children.
Il y a douze enfants.

Here are their children.
Voilà leurs enfants.

Here are the children.
Voilà les enfants.

Are there any children?
Y a-t-il des enfants?

There are twelve children.
Il y a douze enfants.

Where are their children?
Où sont leurs enfants?

Do you have two children?
Avez-vous deux enfants?

They have three children.
Ils ont trois enfants.

I have five euros.
J'ai cinq euros.

It costs one hundred euros.
Ça coûte cent euros.

He has five books.
Il a cinq livres.

Here are five books.
Voilà cinq livres.

I have his book.
J'ai son livre.

There are one hundred books.
Il y a cent livres.

I will take five books.
Je prends cinq livres.

Bring five books.
Apportez cinq livres.

Buy his ticket.
Achetez son billet.

It amounts to one hundred euros.
Ça fait cent euros.

It is a beautiful store.
C'est un très beau magasin.

This is a very nice store.
C'est un très bon magasin.

What is he taking upstairs?
Que monte-t-il?

What is he showing?
Que montre-t-il?

I have my books.
J'ai mes livres.

I like my books.
J'aime mes livres.

Do you know the lesson?
Vous savez la leçon?

Do you have the lesson?
Vous avez la leçon?

He loves my sister.
Il aime ma sœur.

Here is a good book.
Voilà un bon livre.

What does he know?
Que sait-il?

What is he trying on?
Qu'essaie-t-il?

She is over there.
Elle est là-bas.

Go over there.
Allez là-bas.

He is over there.
Il est là-bas.

Is it that one puts postcards here?
Est-ce qu'on met les cartes postales ici?

Do you place the stamps here?
Est-ce qu'on met les timbres ici?

Does one put packets here?
Est-ce qu'on met les paquets ici?

Where is the mailbox?
Où est la boîte aux lettres?

Where is the postcard?
Où est la carte postale?

Where is the mailman?
Où est le facteur?

Where is the mail person?
Où est le facteur?

Where is the mail?
Où est le courrier?

Where is the magazine?
Où est la revue?

Where is the money order?
Où est le mandat?

Where is the parcel?
Où est le colis?

You must pick up the receiver.
Vous devez décrocher le récepteur.

You must hang up the receiver.
Vous devez raccrocher le récepteur.

You need to dial the number.
Vous devez composer le numéro.

You need to send a telegram.
Vous devez envoyer un télégramme.

Where do we find Chris tonight?
Où retrouvons-nous Chris ce soir?

Where do we find Chris at midday?
Où retrouvons-nous Chris à midi?

Where do we find Chris at two o'clock?
Où retrouvons-nous Chris à deux heures?

Where do we find Chris this afternoon?
Où retrouvons-nous Chris cet après-midi?

Where do we find Chris tomorrow?
Où retrouvons-nous Chris demain?

Where do we find Chris Friday night?
Où retrouvons-nous Chris vendredi soir?

Where do we find Chris this morning?
Où retrouvons-nous Chris ce matin?

While you are calling her, I am going to the post office.
Pendant que vous l'appelez, je vais à la poste.

While you have lunch, I will go to the post office.
Pendant que vous déjeunez, je vais à la poste.

While you call, I am going to the post office.
Pendant que vous téléphonez, je vais à la poste.

While you are ironing, I will go to the post office.
Pendant que vous repassez, je vais à la poste.

While he is having lunch, I will go to the post office.
Pendant qu'il déjeune, je vais à la poste.

While she is on the phone, I will go to the post office.
Pendant qu'elle téléphone, je vais à la poste.

While you are looking for it, I am going to the post office.
Pendant que vous le cherchez, je vais à la poste.

While you clean it, I will go to the post office.
Pendant que vous le nettoyez, je vais à la poste.

I will watch.
Je vais regarder.

I will try.
Je vais essayer.

I am going to lunch.
Je vais déjeuner.

I will call.
Je vais téléphoner.

I am going to work.
Je vais travailler.

I will see.
Je vais voir.

I will start.
Je vais commencer.

I am going up.
Je vais monter.

I will go back.
Je vais rentrer.

I would like to speak to Miss Mercier.
Je voudrais parler à Mlle Mercier.

I would like to find Miss. Mercier.
Je voudrais trouver Mlle Mercier.

I would like to introduce Mr Lelong.
Je voudrais présenter Monsieur Lelong.

I would like to work in Paris.
Je voudrais travailler à Paris.

I want to be in the south of France.
Je voudrais être dans le Midi.

I would like to do some shopping.
Je voudrais faire des courses.

I would like to send a telegram.
Je voudrais envoyer un télégramme.

I would like to live near here.
Je voudrais habiter près d'ici.

I want to send the mail.
Je voudrais envoyer le courrier.

I would like to meet my friends.
Je voudrais retrouver mes amis.

I would like to have some mail.
Je voudrais avoir du courrier.

I would like to wake the children.
Je voudrais réveiller les enfants.

It should speak to Miss Mercier.
Il faut parler à Mlle Mercier.

I have to speak to Miss Mercier.
Il faut parler à Mlle Mercier.

I hope to speak to Miss. Mercier.
J'espère parler à Mlle Mercier.

I intend to speak to Miss Mercier.
Je compte parler à Mlle Mercier.

We would like to speak to Miss Mercier.
On voudrait parler à Mlle Mercier.

I will speak to Miss Mercier.
Je vais parler à Mlle Mercier.

I was wanting to talk to Miss. Mercier.
Je voulais parler à Mlle Mercier.

We are going to talk to Miss Mercier.
Nous allons parler à Mlle Mercier.

You can talk to Miss. Mercier.
Vous pouvez parler à Mlle Mercier.

You must speak to Miss Mercier.
Vous devez parler à Mlle Mercier.

I will weigh it.
Je vais la peser.

I will find it.
Je vais la trouver.

I will get it.
Je vais la chercher.

I will follow it.
Je vais la suivre.

I will leave it.
Je vais la quitter.

I will wash it.
Je vais la laver.

I will fix it.
Je vais la réparer.

I will thank her.
Je vais la remercier.

I will wake her up.
Je vais la réveiller.

I will go up to it.
Je vais la monter.

I was also wanting to send a telegram.
Je voulais aussi envoyer un télégramme.

I was also wanting to send a letter.
Je voulais aussi envoyer une lettre.

I was also wanting to send a money order.
Je voulais aussi envoyer un mandat.

I was also wanting to send a parcel.
Je voulais aussi envoyer un colis.

I was also wanting to send a packet.
Je voulais aussi envoyer un paquet.

I was also wanting to send mail.
Je voulais aussi envoyer le courrier.

I was also wanting to send some journals.
Je voulais aussi envoyer des journaux.

I was also wanting to send some magazines.
Je voulais aussi envoyer des revues.

I was also wanting to send a postcard.
Je voulais aussi envoyer une carte postale.

I was also wanting to say something.
Je voulais aussi dire quelque chose.

I was also wanting to keep my seats.
Je voulais aussi retenir mes places.

I was also wanting to meet my friends.
Je voulais aussi retrouver mes amis.

I was also wanting to listen to something.
Je voulais aussi écouter quelque chose.

I was also wanting to see the pharmacist.
Je voulais aussi voir le pharmacien.

I was also wanting to close the windows.
Je voulais aussi fermer les fenêtres.

I was also wanting to go over there.
Je voulais aussi aller là-bas.

I was also wanting to buy some aspirin.
Je voulais aussi acheter de l'aspirine.

Can I send an airmail letter?
Puis-je envoyer une lettre par avion?

Can I send a message?
Puis-je envoyer un message?

Can I send the message now?
Puis-je envoyer le message maintenant?

Can I send some students to study in France?
Puis-je envoyer des étudiants pour étudier en France?

Can I send a personal message?
Puis-je envoyer un message personnel?

Can I send a private message?
Puis-je envoyer un message privé?

Can I send my application by email?
Puis-je envoyer ma demande par e-mail?

Can I call Paris?
Puis-je téléphoner à Paris?

Can I start tomorrow?
Puis-je commencer demain?

Can I come now?
Puis-je venir maintenant?

Can I bring anything?
Puis-je apporter quelque chose?

Can I bring my own food?
Puis-je apporter ma propre nourriture?

Can I bring my friend?
Puis-je amener mon ami?

Can I bring my mobile phone?
Puis-je amener mon téléphone mobile?

Can I bring a person for support?
Puis-je amener une personne de soutien?

Can I bring a pet?
Puis-je amener un animal de compagnie?

Can I bring my children?
Puis-je amener mes enfants?

Can I bring my husband?
Puis-je amener mon mari?

Can I bring my dog with me?
Puis-je amener mon chien avec moi?

Can I make changes to my profile?
Puis-je modifier mon profil?

Can I change the speed?
Puis-je changer la vitesse?

Can I change the date?
Puis-je changer la date?

Can I change the size?
Puis-je changer la taille?

Can I arrive later?
Puis-je arriver plus tard?

Can I give out your phone number?
Puis-je donner votre numéro de téléphone?

Can I give my ticket to a friend?
Puis-je donner mon billet à un ami?

Can I give my ticket to someone else?
Puis-je donner mon billet à quelqu'un d'autre?

Can I give an example?
Puis-je donner un exemple?

Can I give my opinion?
Puis-je donner mon avis?

Can I talk to the employees?
Puis-je parler aux employés?

To whom may I speak?
A qui puis-je parler?

Can I speak with you?
Puis-je vous parler?

I would like to speak with you.
Je voudrais parler avec vous.

May I speak in French?
Puis-je parler en français?

May I speak in English?
Puis-je parler en anglais?

May I speak to your family?
Puis-je parler à votre famille?

There are too many people at the counter.
Il y a trop de monde au guichet.

There are too many people at the registration.
Il y a trop de monde à l'enregistrement.

There are too many people on the platform.
Il y a trop de monde sur le quai.

There are too many people on the train.
Il y a trop de monde dans le train.

There are too many people at the seaside
Il y a trop de monde au bord de la mer.

There are too many people at the hairdressers.
Il y a trop de monde chez le coiffeur.

There are too many people in my compartment.
Il y a trop de monde dans mon compartiment.

There are too many people in the streets.
Il y a trop de monde dans les rues.

There are too many people at the grocery store.
Il y a trop de monde chez l'épicier.

There are too many people in the department stores.
Il y a trop de monde dans les grands magasins.

There are too many people at the table.
Il y a trop de monde autour de la table.

There are too many people at the bar.
Il y a trop de monde au bar.

There are too many people at the party.
Il y a trop de monde à la fête.

There are too many people in the room.
Il y a trop de monde dans la salle.

I was also wanting to send a telegram.
Je voulais aussi envoyer un télégramme.

She was also wanting to send a telegram.
Elle voulait aussi envoyer un télégramme.

I also intend to send a telegram.
Je compte aussi envoyer un télégramme.

He should also send a telegram.
Il faut aussi envoyer un télégramme.

We also plan to send a telegram.
Nous comptons aussi envoyer un télégramme.

I will also send a telegram.
Je vais aussi envoyer un télégramme.

They are also going to send a telegram.
Ils vont aussi envoyer un télégramme.

You must also send a telegram.
Vous devez aussi envoyer un télégramme.

You can also send a telegram.
Vous pouvez aussi envoyer un télégramme.

I was afraid I would not find you.
J'avais peur de ne pas vous trouver.

I was afraid I would not see you.
J'avais peur de ne pas vous voir.

I was afraid I would not hear you.
J'avais peur de ne pas vous entendre.

I was afraid I would not understand you.
J'avais peur de ne pas vous comprendre.

I was afraid of not being on time.
J'avais peur de ne pas être à l'heure.

I was afraid I would not arrive in time.
J'avais peur de ne pas arriver à temps.

I was afraid of not being able to work.
J'avais peur de ne pas travailler.

I was afraid of not being able to hear.
J'avais peur de ne pas entendre.

You can also take a plane.
Vous pouvez aussi prendre l'avion.

I also intend to catch a flight.
Je compte aussi prendre l'avion.

I also intend to go to the south of France.
Je compte aussi aller dans le Midi.

We also hope to go to the south of France.
Nous espérons aussi aller dans le Midi.

We also hope to find our friends.
Nous espérons aussi retrouver nos amis.

I was also wanting to find our friends.
Je voulais aussi retrouver nos amis.

Can I send an airmail letter?
Puis-je envoyer une lettre par avion?

Can I make a phone call to Paris?
Puis-je téléphoner à Paris?

Should we make a phone call to Paris?
Faut-il téléphoner à Paris?

Should we go to the other side?
Faut-il aller en face?

Should you go to the other side?
Devez-vous aller en face?

Should you reserve the seats?
Devez-vous retenir les places?

Do you want to reserve the seats?
Désirez-vous retenir les places?

Do you want to come later?
Désirez-vous venir plus tard?

Do you plan on coming later?
Comptez-vous venir plus tard?

Do you intend to send an airmail letter?
Comptez-vous envoyer une lettre par avion?

I will look.
Je vais regarder.

We will look.
Nous allons regarder.

We will begin.
Nous allons commencer.

You have to start.
Vous devez commencer.

You should try.
Vous devez essayer.

We must try.
Il faut essayer.

We have to work.
Il faut travailler.

I do not like work.
Je n'aime pas travailler.

I do not like to exaggerate.
Je n'aime pas exagérer.

They are going to exaggerate.
Ils vont exagérer.

They are going to watch.
Ils vont regarder.

I am going to weigh it.
Je vais la peser.

It have to weigh it.
Il faut la peser.

We need to find it.
Il faut la trouver.

We hope to find it.
Nous espérons la trouver.

We hope to repair it.
Nous espérons la réparer.

I have to fix it.
Je dois la réparer.

I have to change it.
Je dois la changer.

You can change it.
Vous pouvez la changer.

You can watch it.
Vous pouvez la regarder.

We have to watch it.
Il faut la regarder.

We must wake her.
Il faut la réveiller.

I will wake her up.
Je vais la réveiller.

I would like to speak to Miss Mercier.
Je voudrais parler à Mlle Mercier.

We should speak to Miss Mercier.
Il faut parler à Mlle Mercier.

We have to find Miss Mercier.
Il faut trouver Mlle Mercier.

I hope to find Miss Mercier.
J'espère trouver Mlle Mercier.

I hope to live near here.
J'espère habiter près d'ici.

I intend to live near here.
Je compte habiter près d'ici.

I plan to be in the south of France.
Je compte être dans le Midi.

We will be in the south of France.
Nous allons être dans le Midi.

We are going to take a holiday.
Nous allons prendre des vacances.

I would like to take a vacation.
Je voudrais prendre des vacances.

Will Roger and Pierre meet up with Janine?
Roger et Pierre vont-ils retrouver Janine?

No, they will meet up with Christiane.
Non, ils vont retrouver Christiane.

When will they meet her?
Quand vont-ils la retrouver?

They will meet her tonight.
Ils vont la retrouver ce soir.

Does Roger know where to meet Christiane?
Roger sait-il où retrouver Christiane?

No, he does not know where to meet Christiane.
Non, il ne sait pas où retrouver Christiane.

What does Pierre do while Roger is phoning?
Que fait Pierre pendant que Roger téléphone?

He goes to the post office.
Il va à la poste.

What is Christiane's number?
Quel est le numéro de Christiane?

It is Danton: seven, nine, six, seven.
C'est Danton: sept, neuf, six, sept.

Is Christiane there?
Est-ce que Christiane est là?

Yes, she is there.
Oui, elle est là.

What time will Roger and Pierre look for Christiane?
A quelle heure Roger et Pierre vont-ils chercher Christiane?

They will look for her at seven o'clock.
Ils vont la chercher vers sept heures.

Where is Peter?
Où est Pierre?

He is at the post office.
Il est au bureau de poste.

What does he want to send by air?
Que veut-il envoyer par avion?

He wants to send an airmail letter.
Il veut envoyer une lettre par avion.

Does he have to weigh the letter?
Faut-il peser la lettre?

Yes, he has to weigh the letter.
Oui, il faut peser la lettre.

Does Pierre have some of the recommended packages?
Pierre a-t-il des paquets recommandés?

Yes, he has the recommended packages.
Oui, il a des paquets recommandés.

Which counter will he go for the packages?
A quel guichet va-t-il pour les paquets?

He will go to counter twelve for the packages.
Pour les paquets, il va au guichet douze.

Would he like to send something else?
Voudrait-il envoyer autre chose?

Yes, he would also like to send a telegram.
Oui, il voudrait aussi envoyer un télégramme.

Why does he not send his telegram?
Pourquoi n'envoie-t-il pas son télégramme?

Because there are too many people at the counter.
Parce qu'il y a trop de monde au guichet.

Can he not send a text message?
Ne peut-il pas envoyer un message de texte?

Yes, he can send a text message.
Si, il peut un message de texte.

I am sending a text message.
J'envoie un message texte.

I will send a text message to my colleague.
Je vais envoyer un message texte à mon collègue.

I received a text message.
J'ai reçu un message texte.

I sent a text message.
J'ai envoyé un message texte.

I was sending a text message.
J'envoyais un message texte.

They send you a text message.
Ils vous envoient un message texte.

They will send you a text message.
Ils vous enverront un message texte.

She sent you a text message.
Elle vous a envoyé un message texte.

You received a text message.
Vous avez reçu un message texte.

It is a small hotel.
C'est un petit hôtel.

This is an old hotel.
C'est un vieil hôtel.

This is a big hotel.
C'est un grand hôtel.

This is a nice hotel.
C'est un bon hôtel.

This is a new hotel.
C'est un nouvel hôtel.

This is a beautiful hotel.
C'est un bel hôtel.

This is a very old hotel.
C'est un ancien hôtel.

It is a small store.
C'est un petit magasin.

This is an old store.
C'est un vieux magasin.

This is a big store.
C'est un grand magasin.

It is a good store.
C'est un bon magasin.

It is a new store.
C'est un nouveau magasin.

It is a beautiful store.
C'est un beau magasin.

It is an old store.
C'est un ancien magasin.

Here are some small hotels.
Voilà de petits hôtels.

Here are some old hotels.
Voilà de vieux hôtels.

Here are some big hotels.
Voilà de grands hôtels.

Here are some excellent hotels.
Voilà de bons hôtels.

Here are some modern hotels.
Voilà de nouveaux hôtels.

Here are some fine hotels.
Voilà de beaux hôtels.

Here are some bad hotels.
Voilà de mauvais hôtels.

Here are some other hotels.
Voilà d'autres hôtels.

These are the small shops.
Voilà les petits magasins.

Here are the old stores.
Voilà les vieux magasins.

Here are the department stores.
Voilà les grands magasins.

These are excellent stores.
Voilà les bons magasins.

These are the new stores.
Voilà les nouveaux magasins.

Here are the old stores.
Voilà les anciens magasins.

Here are the other stores.
Voilà les autres magasins.

It is an old car.
C'est une vieille auto.

This is a beautiful car.
C'est une belle auto.

It is a good car.
C'est une bonne auto.

It is a big car.
C'est une grosse auto.

It is a small car.
C'est une petite auto.

It is a bad car.
C'est une mauvaise auto.

It is a nice car.
C'est une jolie auto.

It is another car.
C'est une autre auto.

Here are some old cars.
Voilà de vieilles autos.

Here are some other cars.
Voilà d'autres autos.

Here are some big cars.
Voilà de grosses autos.

Here are some good cars.
Voilà de bonnes autos.

Here are some small cars.
Voilà de petites autos.

Here are some bad cars.
Voilà de mauvaises autos.

Here are some nice cars.
Voilà de jolies autos.

Here are some new cars.
Voilà de nouvelles autos.

There are no old roads.
Il n'y a pas de vieilles routes.

There are no good roads.
Il n'y a pas de bonnes routes.

There are no major roads.
Il n'y a pas de grandes routes.

There are no small roads.
Il n'y a pas de petites routes.

There are no bad roads.
Il n'y a pas de mauvaises routes.

There are no nice roads.
Il n'y a pas de jolies routes.

There are no new roads.
Il n'y a pas de nouvelles routes.

There are no scenic roads.
Il n'y a pas de belles routes.

It is an old road.
C'est une vieille route.

It is an old store.
C'est un vieux magasin.

This is an old airplane.
C'est un vieil avion.

It is an old car.
C'est une vieille auto.

It is a new employee.
C'est une nouvelle employée.

It is a new employee.
C'est un nouvel employé.

It is a fresh coffee.
C'est un nouveau café.

It is a new magazine.
C'est une nouvelle revue.

It is a good climate.
C'est un bon climat.

It is a good area.
C'est une bonne région.

It is a good hotel.
C'est un bon hôtel.

It is a good year.
C'est une bonne année.

It is a small child.
C'est un petit enfant.

It is a small office.
C'est un petit bureau.

It is a small villa.
C'est une petite villa.

There are some nice shops.
Il y a de beaux magasins.

There are some beautiful summers.
Il y a de beaux étés.

There are some beautiful cars.
Il y a de belles autos.

There are some beautiful forests.
Il y a de belles forêts.

There are some large aircraft.
Il y a de gros avions.

There are some big cars.
Il y a de grosses autos.

There are some big books.
Il y a de gros livres.

There are some thick soles.
Il y a de grosses semelles.

There are some old hotels.
Il y a de vieux hôtels.

There are some good hotels.
Il y a de bons hôtels.

There are some good restaurants.
Il y a de bons restaurants.

There are some good years.
Il y a de bonnes années.

There are some good pastries.
Il y a de bonnes pâtisseries.

It is an old pharmacy.
C'est une vieille pharmacie.

This is an old hotel.
C'est un vieil hôtel.

It is an old store.
C'est un vieux magasin.

This is an old road.
C'est une vieille route.

It is an old outfit.
C'est un vieux costume.

It is an old suitcase.
C'est une vieille valise.

It is an old text.
C'est un vieux texte.

It is an old airplane.
C'est un vieil avion.

It is an old book.
C'est un vieux livre.

That is a good question.
C'est une bonne question.

This is a good book.
C'est un bon livre.

This is a good climate.
C'est un bon climat.

This is a good year.
C'est une bonne année.

This is a good summer.
C'est un bon été.

This is a good season.
C'est une bonne saison.

It is a good factor.
C'est un bon facteur.

It is a good plane.
C'est un bon avion.

It is a good road.
C'est une bonne route.

This is a rough road.
C'est une route accidentée.

This is a winding road.
C'est une route sinueuse.

It is a good restaurant.
C'est un bon restaurant.

It is a good road.
C'est une bonne route.

It is a bad road.
C'est une mauvaise route.

They have two small children.
Ils ont deux petits enfants.

They have four teenagers.
Ils ont quatre adolescents.

They have four teenage children.
Ils ont quatre enfants adolescents.

They have two older children.
Ils ont deux grands enfants.

Here is an old hotel.
Voilà un vieil hôtel.

Here is a new hotel.
Voilà un nouvel hôtel.

I love new cars.
J'aime les nouvelles autos.

I love old cars.
J'aime les vieilles autos.

This is a little girl.
C'est une petite fille.

This is a big girl.
C'est une grande fille.

This is a bad hotel.
C'est un mauvais hôtel.

This is a good hotel.
C'est un bon hôtel.

I like big cars.
J'aime les grandes autos.

I like small cars.
J'aime les petites autos.

Chapter VIII
Chapitre VIII

It is opposite the small hotel.
C'est en face du petit hôtel.

It is opposite the large hotel.
C'est en face du grand hôtel.

I live next to an old grocery store.
J'habite à côté d'une vieille épicerie.

I live next to a new grocery store.
J'habite à côté d'une nouvelle épicerie.

I live next to the park.
J'habite à côté du parc.

I live next to the nightclub.
J'habite à côté de la boîte de nuit.

Where is the big green trunk?
Où est la grosse malle verte?

Where is the little green box?
Où est la petite malle verte?

Where is the toilet?
Où est la toilette?

Where are the toilets?
Où sont les toilettes?

Where is the kitchen?
Où est la cuisine?

He has some good news.
Il a de bonnes nouvelles.

He has some bad news.
Il a de mauvaises nouvelles.

This is a major route.
C'est une grande route.

I do not like department stores.
Je n'aime pas les grands magasins.

I do not like the highways.
Je n'aime pas les grandes routes.

I do not like small roads.
Je n'aime pas les petites routes.

I do not like small cars.
Je n'aime pas les petites autos.

I do not like old cars.
Je n'aime pas les vieilles autos.

I do not like old planes.
Je n'aime pas les vieux avions.

I do not like large aircraft.
Je n'aime pas les gros avions.

I do not like big cars.
Je n'aime pas les grosses autos.

I do not like new cars.
Je n'aime pas les nouvelles autos.

I do not like the new stores.
Je n'aime pas les nouveaux magasins.

I like department stores.
J'aime les grands magasins.

I like the major roads.
J'aime les grandes routes.

I love the new road.
J'aime la nouvelle route.

I love the new hotel.
J'aime le nouvel hôtel.

I like good hotels.
J'aime les bons hôtels.

I like good cars.
J'aime les bonnes autos.

I love the little car.
J'aime la petite auto.

I love the little cafe.
J'aime le petit café.

There are three good stores.
Il y a trois bonnes épiceries.

There are three good hotels.
Il y a trois bons hôtels.

There is a good hotel.
Il y a un bon hôtel.

There is a large hotel.
Il y a un grand hôtel.

There is a major road.
Il y a une grande route.

There are several major roads.
Il y a plusieurs grandes routes.

There are several scenic roads.
Il y a plusieurs belles routes.

There are several nice shops.
Il y a plusieurs beaux magasins.

There are three beautiful stores.
Il y a trois beaux magasins.

There are three small shops.
Il y a trois petits magasins.

There are three small grocery stores.
Il y a trois petites épiceries.

There are three good stores.
Il y a trois bonnes épiceries.

There are three nightclubs.
Il y a trois boîtes de nuit.

There are three bars.
Il y a trois bars.

There is a piano bar.
Il y a un piano bar.

There are two showers.
Il y a deux douches.

There is one public garden.
Il y a un jardin public.

He wakes me.
Il me réveille.

He asks me.
Il me demande.

He is looking for me.
Il me cherche.

He is speaking to me.
Il me parle.

He is looking at me.
Il me regarde.

He bothers me.
Il me dérange.

He calls me.
Il me téléphone.

He thanks me.
Il me remercie.

I will thank them.
Je vais les remercier.

I will thank our guests.
Je vais remercier nos invités.

I thanked them.
Je les ai remerciés.

I thanked her.
Je l'ai remerciée.

I thanked him.
Je l'ai remercié.

He thanked me warmly.
Il m'a remercié chaleureusement.

He briefly thanked the crowd.
Il a remercié brièvement la foule.

She thanked the crowd warmly.
Elle a remercié chaleureusement la foule.

We are going to wash it immediately.
Nous le lavons tout de suite.

We are going to sleep straight away.
Nous le dormons tout de suite.

We will weigh it now.
Nous le pesons tout de suite.

We are going to abandon it immediately.
Nous le quittons tout de suite.

We will wake it up straight away.
Nous le réveillons tout de suite.

We are going to repair it right away.
Nous le réparons tout de suite.

We are asking it immediately.
Nous le demandons tout de suite.

We will do it immediately.
Nous le faisons tout de suite.

We are going to assemble it immediately.
Nous le montons tout de suite.

I will weigh them immediately.
Je les pèse tout de suite.

I will weight it immediately.
Je la pèse tout de suite.

I will wake her up right away.
Je la réveille tout de suite.

I will wake them up directly.
Je les réveille tout de suite.

I will repair it immediately.
Je la répare tout de suite.

I will repair them promptly.
Je les répare tout de suite.

I will ask her straight away.
Je la demande tout de suite.

I will ask them immediately.
Je les demande tout de suite.

I will do it right away.
Je la fais tout de suite.

I will make them right now.
Je les fais tout de suite.

I will assemble it right away.
Je la monte tout de suite.

I will assemble them immediately.
Je les monte tout de suite.

I am going to change it immediately.
Je la change tout de suite.

I am going to change them immediately.
Je les change tout de suite.

I am listening to it.
Je l'écoute.

He is not listening to it.
Il ne l'écoute pas.

I am bringing it.
Je l'apporte.

He is not bringing it.
Il ne l'apporte pas.

I am buying it.
Je l'achète.

He is not buying it.
Il ne l'achète pas.

I assure him.
Je l'assure.

It am not giving her assurance.
Il ne l'assure pas.

I accept it.
Je l'accepte.

He does not accept it.
Il ne l'accepte pas.

I love it.
Je l'aime.

He does not like it.
Il ne l'aime pas.

I do not listen to it.
Je ne l'écoute pas.

I does not bring it.
Je ne l'apporte pas.

I am not buying it.
Je ne l'achète pas.

I do not accept it.
Je ne l'accepte pas.

I do not own it.
Je ne l'possède pas.

I do not like it.
Je ne l'aime pas.

I do not have it.
Je ne l'ai pas.

I am not sending it.
Je ne l'envoie pas.

I did not register it.
Je ne l'enregistre pas.

I am not calling it.
Je ne l'appelle pas.

We listen to them.
Nous les écoutons.

We bring them.
Nous les apportons.

We have them.
Nous les avons.

We love them.
Nous les aimons.

We send them.
Nous les envoyons.

We buy them.
Nous les achetons.

We sell them.
Nous les vendons

We try them.
Nous les essayons.

We call them.
Nous les appelons.

We insure them.
Nous les assurons.

We register them.
Nous les enregistrons.

We hear them.
Nous les entendons.

We bring them.
On les apporte.

We ask them.
On les demande.

We want them.
On les veut.

We like them.
On les aime.

We are looking for them.
On les cherche.

We are giving them.
On les donne.

We are trying them.
On les essaie.

We are listening to them.
On les écoute.

We rent them.
On les loue.

I listen to them.
Je les écoute.

I listen to it.
Je l'écoute.

I send them.
Je les envoie.

I send it.
Je l'envoie.

I love them.
Je les aime.

I love it.
Je l'aime.

I have them.
Je les ai.

I have it.
Je l'ai.

I excuse them.
Je les excuse.

I buy them.
Je les achète.

I buy it.
Je l'achète.

It bothers me.
Il me dérange.

He is listening to me.
Il m'écoute.

He is looking for me.
Il me cherche.

He is calling me.
Il m'appelle.

He asks me.
Il me demande.

He loves me.
Il m'aime.

He thanks me.
Il me remercie.

He apologize.
Il m'excuse.

He speaks to me.
Il me parle.

We seek it.
Nous les cherchons.

We thank them.
Nous les remercions.

We repair them.
Nous les réparons.

We are leaving them.
Nous les quittons.

We make them.
Nous les faisons.

We call them.
Nous les appelons.

She asks me.
Elle me demande.

She calls me.
Elle m'appelle.

She seeks me.
Elle me cherche.

She listens to me.
Elle m'écoute.

She bothers me.
Elle me dérange.

She loves me.
Elle m'aime.

She is leaving me.
Elle me quitte.

She looks at me.
Elle me regarde.

She criticises me.
Elle me critique.

She is looking for you.
Elle vous cherche.

She is asking you.
Elle vous demande.

She loves you.
Elle vous aime.

She is looking at you.
Elle vous regarde.

She is criticising you.
Elle vous critique.

She is listening to you.
Elle vous écoute.

She is leaving you.
Elle vous quitte.

She is calling you.
Elle vous appelle.

She is thanking you.
Elle vous remercie.

You are asking me?
Vous me demandez?

Yes, I am asking you.
Oui, je vous demande.

You are asking us?
Vous nous demandez?

Yes, I am asking you.
Oui, je vous demande.

You are looking for me?
Vous me cherchez?

Yes, I am looking for you.
Oui, je vous cherche.

Are you looking for us?
Vous nous cherchez?

Yes, I am looking for you.
Oui, je vous cherche.

Are you leaving me?
Vous me quittez?

Yes, I am leaving you.
Oui, je vous quitte.

Are you leaving us?
Vous nous quittez?

Yes, I am leaving you.
Oui, je vous quitte.

Are you calling me?
Vous me téléphonez?

Yes, I am calling you.
Oui, je vous téléphone.

Are you calling us?
Vous nous téléphonez?

Yes, I am calling you.
Oui, je vous téléphone.

Are you dropping me in town?
Vous me déposez en ville?

Yes, I am dropping you off in town.
Oui, je vous dépose en ville.

Are you letting us off in town?
Vous nous déposez en ville?

Yes, I am dropping you in town.
Oui, je vous dépose en ville.

Are you dropping me off at school?
Est-ce que vous me déposer à l'école?

Are you dropping me off at the beach?
Est-ce que vous me déposer à la plage?

Am I being asked?
On me demande?

Yes, you are being asked.
Oui, on vous demande.

Am I being listened to?
On m'écoute?

Yes, you are being listened to.
Oui, on vous écoute.

Will I be woken up?
On me réveille?

Yes, you will be woken up.
Oui, on vous réveille.

Am I being heard?
On m'entend?

Yes, you are being heard.
Oui, on vous entend.

Am I being criticised?
On me critique?

Yes, you are being criticised.
Oui, on vous critique.

Am I being called?
On m'appelle?

Yes, you are being called.
Oui, on vous appelle.

We do not like the heat; do you like it?
Nous n'aimons pas la chaleur; l'aimez-vous?

We do not have the tickets; do you have them?
Nous n'avons pas les billets; les avez-vous?

We do not have the bag; do you have it?
Nous n'avons pas la valise; l'avez-vous?

We do not have the hats; do you have them?
Nous n'avons pas les chapeaux; les avez-vous?

We do not close the windows; do you close them?
Nous ne fermons pas les fenêtres; les fermez-vous?

We do not pack the bags; do you pack them?
Nous ne faisons pas les bagages; les faites-vous?

We do not wash the car; do you wash it?
Nous ne lavons pas l'auto; la lavez-vous?

We are not looking for the hotel; are you looking for it?
Nous ne cherchons pas l'hôtel; le cherchez-vous?

We are not bringing our books; are you bringing them?
Nous n'apportons pas nos livres; les apportez-vous?

We are not taking our tent.
Nous ne prenons pas notre tente.

Are you taking your tent?
Prenez-vous votre tente?

We are not bringing our children.

Nous ne mettons pas nos enfants.

Are you bringing your children?
Apportez-vous vos enfants?

We are not bringing our computer.
Nous ne mettons pas notre ordinateur.

Are you bringing your laptop?
Vous apportez votre ordinateur portable.

We are not going through the city; are you going through it?
Nous ne traversons pas la ville; la traversez-vous?

We are not counting on the change; are you counting on it?
Nous ne comptons pas la monnaie; la comptez-vous?

We are counting on you.
Nous comptons sur vous.

We are not counting on you.
Nous ne comptons pas sur vous.

We are not planning to go on holiday.
Nous ne comptons pas aller en vacances.

We are not counting on them.
Nous ne comptons pas sur eux.

We are not counting on the rain.
Nous ne comptons pas sur la pluie.

We are not counting on the money.
Nous ne comptons pas sur l'argent.

We do not have the number; do you have it?
Nous n'avons pas le numéro; l'avez-vous?

We do not have a problem.
Nous n'avons pas de problème.

We do not have the right.
Nous n'avons pas le droit.

We do not have the need.

Nous n'avons pas la nécessité.

We do not have the intention.
Nous n'avons pas l'intention.

Do the children bother you?
Est-ce que les enfants vous dérangent?

No, they do not bother me.
Non, ils ne me dérangent pas.

Am I disturbing your friends?
Est-ce que je dérange vos amis?

No, you are not disturbing them.
Non, vous ne les dérangez pas.

Are you being listened to?
Est-ce qu'on vous écoute?

No, I am not being listened to.
Non, on ne m'écoute pas.

Are you being called?
Est-ce qu'on m'appelle?

No, I am not being called.
Non, on ne vous appelle pas.

Are you leaving me?
Est-ce que vous me quittez?

No, I am not leaving you.
Non, je ne vous quitte pas.

Does Janine love you?
Est-ce que Janine vous aime?

No, she does not love me.
Non, elle ne m'aime pas.

Do you like Janine?
Est-ce que vous aimez Janine?

No, I do not like her.
Non, je ne l'aime pas.

Am I being asked?
Est-ce qu'on me demande?

No, you are not being asked.
Non, on ne vous demande pas.

Am I being criticised?
Est-ce qu'on me critique?

No, you are not being criticised.
Non, on ne vous critique pas.

Are you being talked to?
Est-ce qu'on vous parle?

No, I am not being talked to.
Non, on ne me parle pas.

Where will you drop me?
Où me déposez-vous?

I will drop you off at the station.
Je vous dépose à la gare.

Where does one weigh the parcels?
Où pèse-t-on les colis?

One weighs them at the station.
On les pèse à la gare.

Where are you carrying the bag?
Où apportez-vous la valise?

I am taking it to the station.
Je l'apporte à la gare.

Where are you dropping the trunks?
Où déposez-vous les malles?

I am dropping them at the station.
Je les dépose à la gare.

Where will you meet your brother?
Où retrouvez-vous votre frère?

I will meet him at the station.
Je le retrouve à la gare.

Where does one buy tickets?
Où achète-t-on les billets?

One can buy them at the station.
On les achète à la gare.

Where does one obtain the platform tickets?
Où prend-on les tickets de quai?

One obtains them at the station.
On les prend à la gare.

Where does one meet your friends?
Où retrouve-t-on vos amis?

One can meet them at the station.
On les retrouve à la gare.

Where do I leave you?
Où me quittez-vous?

You can leave me at the station.
Je vous quitte à la gare.

Where do you meet your friends?
Où retrouvez-vous vos amis?

I meet them at the station.
Je les retrouve à la gare.

Where does one insure the luggage?
Où assure-t-on les bagages?

One can insure it at the station.
On les assure à la gare.

What time do you wake up the kids?
A quelle heure réveillez-vous les enfants?

I wake them up at seven o'clock.
Je les réveille à sept heures.

What time do you leave your friends?
A quelle heure quittez-vous vos amis?

I leave at eight o'clock.
Je les quitte à huit heures.

At what time do your friends wake you?
A quelle heure vos amis vous réveillent-ils?

They wake me up at nine o'clock.
Ils me réveillent à neuf heures.

What time do you leave me?
A quelle heure me quittez-vous?

I leave you at six o'clock.
Je vous quitte à six heures.

What time do you meet your friends?
A quelle heure retrouvez-vous vos amis?

I meet them at seven o'clock.
Je les retrouve à sept heures.

What time does the store close?
A quelle heure ferme-t-on le magasin?

It closes at six o'clock.
On le ferme à six heures.

What time does one take the train?
A quelle heure prend-on le train?

One takes it at seven o'clock.
On le prend à sept heures.

What time is it?
Quelle heure est-il?

What time can you receive us?
A quelle heure pouvez-vous nous recevoir?

What time do you intend to arrive?
A quelle heure vous prévoyez d'arriver?

At what time of the day or night?
A quelle heure du jour ou de la nuit?

What time should I arrive?
A quelle heure dois-je arriver?

What time must I be back by?
A quelle heure dois-je être de retour?

What time should you leave?
A quelle heure devez-vous partir?

What time should I leave?
A quelle heure dois-je partir?

What time do you want to go?
A quelle heure voulez-vous aller?

What time do you want to close?
A quelle heure voulez-vous fermer?

What time do you want to open?
A quelle heure voulez-vous ouvrir?

What time does the show start?
A quelle heure le spectacle commence?

What time does the game start?
A quelle heure commence le match?

I thank your sister.
Je remercie votre sœur.

I thank her.
Je la remercie.

I am repairing my shoes.
Je répare mes chaussures.

I am repairing them.
Je les répare.

I am repairing my car.
Je répare mon auto.

I am repairing it.
Je la répare.

I am trying on the suit.
J'essaie le costume.

I am trying it on.
Je l'essaie.

I am sending the package.
J'envoie le paquet.

I am sending it.
Je l'envoie.

I am sending my friend.
J'envoie mon ami.

I am sending him.
Je l'envoie.

I will weigh your luggage.
Je pèse vos bagages.

I will weigh it.
Je les pèse.

I am going through the city.
Je traverse la ville.

I am going through it.
Je la traverse.

I am taking the plane.
Je prends l'avion.

I am taking it.
Je le prends.

I love the rain.
J'aime la pluie.

I love it.
Je l'aime.

I love brown.
J'aime le marron.

I love it.
Je l'aime.

I am looking for the number.
Je cherche le numéro.

I am looking for it.
Je le cherche.

I do not like heat.
Je n'aime pas la chaleur.

I do not like it.
Je ne l'aime pas.

We do not have the change.
Nous n'avons pas la monnaie.

We do not have it.
Nous ne l'avons pas.

We are not counting the change.
Nous ne comptons pas la monnaie.

We are not counting it.
Nous ne la comptons pas.

I am not leaving the city.
Je ne quitte pas la ville.

I am not leaving it.
Je ne la quitte pas.

I do not have any bags.
Je n'ai pas les bagages.

I do not have any of them.
Je ne les ai pas.

We are not renting the villa.
Nous ne louons pas la villa.

We are not renting it.
Nous ne la louons pas.

I do not wash the car.
Je ne lave pas l'auto.

I do not wash it.
Je ne la lave pas.

I do not have the car.
Je n'ai pas l'auto.

I do not have it.
Je ne l'ai pas.

They do not have the number.
Ils n'ont pas le numéro.

They do not have it.
Ils ne l'ont pas.

I do not pack my bags.
Je ne fais pas mes valises.

I do not do them.
Je ne les fais pas.

We do not have the number.
Nous n'avons pas le numéro.

We do not have it.
Nous ne l'avons pas.

I do not know the date.
Je ne sais pas la date.

I do not know it.
Je ne la sais pas.

I do not close the door.
Je ne ferme pas la porte.

I do not close it.
Je ne la ferme pas.

I cannot find the tickets.
Je ne trouve pas les billets.

I cannot find them.
Je ne les trouve pas.

We do not like the road.
Nous n'aimons pas la route.

We do not like it.
Nous ne l'aimons pas.

She is not trying on her dress.
Elle n'essaie pas sa robe.

She is not trying it on.
Elle ne l'essaie pas.

She does not know her lesson.
Elle ne sait pas sa leçon.

She does not know it.
Elle ne la sait pas.

I do not trouble my friends.
Je ne dérange pas mes amis.

I do not trouble them.
Je ne les dérange pas.

Do you have your tickets?
Avez-vous vos billets?

Yes, I have.
Oui, je les ai.

Do you have your own food?
Avez-vous votre propre nourriture?

Yes, I have it.
Oui, je l'ai.

Do you have your own books?
Avez-vous vos propres livres?

Yes, I have them.
Oui, je les ai.

Do you have your bicycles?
Avez-vous vos vélos?

Yes, we have them.
Oui, nous les avons.

Do you have your own apartment?
Avez-vous votre propre appartement?

Does your friend have my number?
Votre ami a-t-il mon numéro?

Yes, he has it.
Oui, il l'a.

Do you know the lesson?
Savez-vous la leçon?

Yes, I know it.
Oui, je la sais.

Does one weigh the packages?
Pèse-t-on les paquets?

Yes, one weighs them.
Oui, on les pèse.

Do you have the number?
Avez-vous le numéro?

Yes, I have it.
Oui, je l'ai.

Do you have tickets?
Avez-vous les billets?

Yes, I have them.
Oui, je les ai.

Do you have the date?
Avez-vous la date?

Yes, I have it.
Oui, je l'ai.

Will you close the case?
Fermez-vous la valise?

Yes, I will close it.
Oui, je la ferme.

Do we bring the parcels?
Apporte-t-on les colis?

Yes, we take them.
Oui, on les apporte.

Do you have the change for a hundred euros?
Avez-vous la monnaie de cent euros?

Yes, I have it.
Oui, je l'ai.

Do you know the date of departure?
Savez-vous la date du départ?

Yes, I know it.
Oui, je la sais.

Are you listening to me?
M'écoutez-vous?

Yes, I am listening to you.
Oui, je vous écoute.

Does one put the letters in the mailbox?
Met-on les lettrés dans la boîte aux lettres?

Yes, one puts them in the mailbox.
Oui, on les met dans la boîte aux lettres.

Are you leaving your friends in Paris?
Quittez-vous vos amis à Paris?

Yes, I am leaving them in Paris.
Oui, je les quitte à Paris.

Are you bringing you book to class?
Apportez-vous votre livre en classe?

Yes, I am taking it to class.
Oui, je l'apporte en classe.

Are your friends being sent to Paris?
Envoie-t-on vos amis à Paris?

Yes, they are being sent to Paris.
Oui, on les envoie à Paris.

It is number two.
C'est le numéro deux.

This is a very good restaurant.
C'est un très bon restaurant.

It is a very nice coffee.
C'est un très bon café.

It is a very popular wine.
C'est un vin très populaire.

It is a very good result.
C'est un très bon résultat.

It is a very good sign.
C'est un très bon signe.

This is my wife.
C'est ma femme.

This is my husband.
C'est mon mari.

This is my partner.
Ceci est mon partenaire.

This is my opinion.
C'est mon opinion.

This is my idea.
C'est mon idée.

That is it.
C'est ça.

This is all that remains.
C'est tout ce qui reste.

This is exactly what I need.
C'est exactement ce qu'il me faut.

It is not bad.
Elle n'est pas mauvaise.

It is not bad.
Il n'est pas mauvais.

It is not bad.
Ce n'est pas mauvais.

He is here.
Il est ici.

It is here.
C'est ici.

It is a Frenchman.
C'est un Français.

He is French.
Il est français.

She is French.
C'est une Française.

She is French.
Elle est française.

This is not my brother.
Ce n'est pas mon frère.

This is not their friend.
Ce n'est pas leur ami.

This is not a pharmacist.
Ce n'est pas un pharmacien.

This is not your employee.
Ce n'est pas votre employé.

It is not this child.
Ce n'est pas cet enfant.

This is not the gentleman.
Ce n'est pas ce monsieur.

This is not my father.
Ce n'est pas mon père.

This is not our friend.
Ce n'est pas notre ami.

This is not their daughter.
Ce n'est pas leur fille.

This is not an employee.
Ce n'est pas une employée.

This is not my sister.
Ce n'est pas ma sœur.

This is not the seller.
Ce n'est pas cette vendeuse.

This is a good employee.
C'est un bon employé.

This is a good shoemaker.
C'est un bon cordonnier.

This is a good employee.
C'est une bonne employée.

This is a good pharmacist.
C'est un bon pharmacien.

This is a good baker.
C'est un bon boulanger.

This is a good saleswoman.
C'est une bonne vendeuse.

This is a good dry cleaner.
C'est un bon teinturier.

This is a good maid.
C'est une bonne femme de chambre.

This is a good baker.
C'est un bon pâtissier.

This is a good guitar.
C'est une bonne guitare.

This is a good example.
C'est un bon exemple.

This is a good way.
C'est un bon moyen.

This is a good direction.
C'est une bonne direction.

This is a good investment.
C'est un bon investissement.

This is a good indicator.
C'est un bon indicateur.

This is a new restaurant, but it is not very good.
C'est un nouveau restaurant, mais il n'est pas très bon.

This is a new hotel, but it is not very good.
C'est un nouvel hôtel, mais il n'est pas très bon.

This is a new jeweller, but it is not very good.
C'est un nouveau bijoutier, mais il n'est pas très bon.

This is a new pastry chef, but he is not very good.
C'est un nouveau pâtissier, mais il n'est pas très bon.

This is a new cobbler, but he is not very good.
C'est un nouveau cordonnier, mais il n'est pas très bon.

This is a new cafe, but it is not very good.
C'est un nouveau café, mais il n'est pas très bon.

This is a new dry cleaner, but it is not very good.
C'est un nouveau teinturier, mais il n'est pas très bon.

This is a new store, but it is not very good.
C'est un nouveau magasin, mais il n'est pas très bon.

This is a new grocer, but it is not very good.
C'est un nouvel épicier, mais il n'est pas très bon.

This is a new laundry, but it is not very good.
C'est une nouvelle laverie, mais il n'est pas très bon.

This is a new bakery, but it is not very good.
C'est une nouvelle boulangerie, mais il n'est pas très bon.

This is a new butcher, but he is not very good.
C'est un nouveau boucher, mais il n'est pas très bon.

This is a new employee.
C'est une nouvelle employée.

This is a new grocery store.
C'est une nouvelle épicerie.

This is a new maid.
C'est une nouvelle femme de chambre.

This is a new car.
C'est une nouvelle auto.

It is a new magazine.
C'est une nouvelle revue.

This is a new road.
C'est une nouvelle route.

This is a new seller.
C'est une nouvelle vendeuse.

This is a new bakery.
C'est une nouvelle boulangerie.

This is a new dry cleaners.
C'est une nouvelle teinturerie.

This is a new lesson.
C'est une nouvelle leçon.

This is a new method.
C'est une nouvelle méthode.

This is a new publication.
C'est une nouvelle publication.

These are my friends.
Ce sont mes amis.

These are our children.
Ce sont nos enfants.

These are the employees.
Ce sont les employés.

These are their friends.
Ce sont leurs amis.

These are the vendors.
Ce sont les vendeuses.

These are children.
Ce sont des enfants.

These are your employees.
Ce sont vos employés.

These are my sisters.
Ce sont mes sœurs.

These are their employees.
Ce sont leurs employés.

These are our tickets.
Ce sont nos billets.

These are your records.
Ce sont vos fiches.

They are English.
Ce sont des Anglais.

These are the French.
Ce sont les Français.

He is a pharmacist.
Il est pharmacien.

He is a pharmacist.
C'est un pharmacien.

He is English.
Il est anglais.

He is an Englishman.
C'est un Anglais.

She is a salesperson.
Elle est vendeuse.

This is a saleswoman.
C'est une vendeuse.

He is a baker.
Il est boulanger.

This is a baker.
C'est un boulanger.

He is a shoemaker.
Il est cordonnier.

This is a shoemaker.
C'est un cordonnier.

She is a maid.
Elle est femme de chambre.

This is a maid.
C'est une femme de chambre.

She is a lawyer.
Elle est avocate.

She is a teacher.
Elle est professeur.

She is a director.
Elle est directrice.

She is the general manager.
Elle est le directeur général.

She is a politician.
Elle est un homme politique.

He is a politician.
Il est un homme politique.

He is a manager.
Il est un gestionnaire.

Chapter IX
Chapitre IX

It is a factor.
Il est facteur.

This is a factor.
C'est un facteur.

This is the factor.
Voilà le facteur.

That is the crucial factor.
C'est le facteur crucial.

That is another factor.
C'est un autre facteur.

That is a consideration.
C'est une considération.

That is a major consideration.
C'est une considération importante.

That is a fundamental consideration.
C'est une considération fondamentale.

That is a primary consideration.
C'est une considération primordiale.

That is an important consideration.
C'est une considération importante.

Is this a new factor?
Est-ce que c'est un nouveau facteur?

That is good news.
Voilà de bonnes nouvelles.

That is the good news.
C'est les bonnes nouvelles.

That is a good idea.
C'est une bonne idée.

That is a good step.
C'est une bonne étape.

Is this good news?
Est-ce que c'est une nouvelle bonne?

This is the restaurant.
Voilà le restaurant.

Is this a new restaurant?
Est-ce que c'est un nouveau restaurant?

Here is the grocery store.
Voilà l'épicerie.

Is this a new grocery store?
Est-ce que c'est une nouvelle épicerie?

Here is the manager.
Voilà le gérant.

Is this a new manager?
Est-ce que c'est un nouveau gérant?

Here is the seller.
Voilà la vendeuse.

Is this a new vendor?
Est-ce que c'est une nouvelle vendeuse?

Here is the café.
Voilà le café.

Is this a new cafe?
Est-ce que c'est un nouveau café?

Here is the post office.
Voilà le bureau de poste.

Is this a new post office?
Est-ce que c'est un nouveau bureau de poste?

Here is the store.
Voilà le magasin.

Is this a big store?
Est-ce que c'est un grand magasin?

Here is the hotel.
Voilà l'hôtel.

Is this an old hotel?
Est-ce que c'est un vieil hôtel?

This is the office.
Voilà le bureau.

Is this a new office?
Est-ce que c'est un nouveau bureau?

Here is the car.
Voilà l'auto.

Is it a new car?
Est-ce que c'est une nouvelle auto?

Is this your brother?
C'est votre frère?

No, this is not my brother.
Non, ce n'est pas mon frère.

Is this your sister?
C'est votre sœur?

No, this is not my sister.
Non, ce n'est pas ma sœur.

Are these your sisters?
Ce sont vos sœurs?

No, these are not my sisters.
Non, ce ne sont pas mes sœurs.

This is a pharmacist?
C'est un pharmacien?

No, this is not a pharmacist.
Non, ce n'est pas un pharmacien.

These are some French people?
Ce sont des Français?

No, they are not French.
Non, ce ne sont pas des Français.

Is this your baker?
C'est votre boulanger?

No, this is not my baker.
Non, ce n'est pas mon boulanger.

Are these your friends?
Ce sont vos amis?

No, these are not my friends.
Non, ce ne sont pas mes amis.

It is their child?
C'est leur enfant?

No, it is not their child.
Non, ce n'est pas leur enfant.

Are these their children?
Ce sont leurs enfants?

No, these are not their children.
Non, ce ne sont pas leurs enfants.

Is this your friend?
C'est votre ami?

No, this is not my friend.
Non, ce n'est pas mon ami.

Is this some French wine?
C'est du vin français?

No, this is not some French wine.
Non, ce n'est pas du vin français.

Are these expensive clothes?
Ce sont des vêtements chers?

No, they are not expensive clothes.
Non, ce ne sont pas des vêtements chers.

Is this a large grocery store?
C'est une grande épicerie?

No, this is not a large grocery store.
Non, ce n'est pas une grande épicerie.

Is this a good shoemaker?
Il est bon, ce cordonnier?

Yes, he is a good shoemaker.
Oui, c'est un bon cordonnier.

Is this a large pharmacy?
Elle est grande, cette pharmacie?

Yes, this is a large pharmacy.
Oui, c'est une grande pharmacie.

Is this a new employee?
Il est nouveau, cet employé?

Yes, this is a new employee.
Oui, c'est un nouvel employé.

Is this a big class?
Elle est grande, cette classe?

Yes, this is a big class.
Oui, c'est une grande classe.

Is this a bad road?
Elle est mauvaise, cette route?

Yes, it is a bad road.
Oui, c'est une mauvaise route.

Is this a good car?
Elle est bonne, cette auto?

Yes, it is a good car.
Oui, c'est une bonne auto.

Is this a large office?
Il est grand, ce bureau?

Yes, it is a large office.
Oui, c'est un grand bureau.

Is this a big suitcase?
Elle est grosse, cette valise?

Yes, it is a big suitcase.
Oui, c'est une grosse valise.

Is this a beautiful coat?
Il est beau, ce manteau?

Yes, it is a beautiful coat.
Oui, c'est un beau manteau.

Is this a new grocer?
L'épicier est-il nouveau?

Is the weather bad?
Le climat est-il mauvais?

Is the road bad?
La route est-elle mauvaise?

Is the store beautiful?
Le magasin est-il beau?

Is the saleswoman pretty?
La vendeuse est-elle jolie?

Is the salesman handsome?
Le vendeur est-il beau?

The store is new?
Le magasin est-il nouveau?

The pastry shop is new?
La pâtisserie est-elle nouvelle?

The pastry chef is good?
Le pâtissier est-il bon?

Is the employee good?
L'employée est-elle bonne?

Is the hotel beautiful?
L'hôtel est-il beau?

They are students.
Ils sont étudiants.

They are some students.
Ce sont des étudiants.

She is a salesperson.
Elle est vendeuse.

This is a saleswoman.
C'est une vendeuse.

He is not French.
Il n'est pas français.

This is not a Frenchman.
Ce n'est pas un Français.

They are English.
Ils sont anglais.

They are some English people.
Ce sont des Anglais.

They are not French.
Ils ne sont pas français.

They are not French.
Ce ne sont pas des Français.

They are not vendors.
Elles ne sont pas vendeuses.

These are not vendors.
Ce ne sont pas des vendeuses.

He is a pharmacist.
Il est pharmacien.

He is a pharmacist.
C'est un pharmacien.

She is not a maid.
Elle n'est pas femme de chambre.

This is not a maid.
Ce n'est pas une femme de chambre.

He is English.
Il est anglais.

He is an Englishman.
C'est un Anglais.

He is not a pastry chef.
Il n'est pas pâtissier.

This is not a pastry chef.
Ce n'est pas un pâtissier.

My friend is a pharmacist.
Mon ami est pharmacien.

Is this a good pharmacist?
Est-ce que c'est un bon pharmacien?

Janine is a salesperson.
Janine est vendeuse.

Is this a good salesperson?
Est-ce que c'est une bonne vendeuse?

We have a new class.
Nous avons une nouvelle classe.

Is this a good class?
Est-ce que c'est une bonne classe?

I am going to the other store.
Je vais à l'autre magasin.

I am going to the other side.
Je vais de l'autre côté.

I am going to the other person.
Je vais à l'autre personne.

I am going to the other counter.
Je vais à l'autre compteur.

I am going to the other shore.
Je vais à l'autre rive.

Is this a good store?
Est-ce que c'est un bon magasin?

There is a nice pastry shop near where you live.
Il y a une belle pâtisserie près de chez vous.

Is this a good pastry shop?
Est-ce que c'est une bonne pâtisserie?

There is a new butcher in the street.
Il y a un nouveau boucher dans cette rue.

Is this a good butcher shop?
Est-ce que c'est une bonne boucherie?

I have an employee.
J'ai un employé.

Is this a good employee?
Est-ce que c'est un bon employé?

Is this a good jeweller?
Est-ce un bon bijoutier?

Is this a good jewellery store?
Est-ce un bon magasin de bijoux?

Yes, but it is very expensive.
Oui, mais il est très cher.

This is a new store?
C'est un nouveau magasin?

Yes, but it is very expensive.
Oui, mais il est très cher.

Is there a good restaurant near here?
Y a-t-il un bon restaurant près d'ici?

Yes, but it is very expensive.
Oui, mais il est très cher.

Is this an English grocery store?
C'est une épicerie anglaise?

Yes, but it is very expensive.
Oui, mais elle est très chère.

Is your hotel suitable?
Est-ce que votre hôtel vous convient?

Yes, but it is very expensive.
Oui, mais il est très cher.

Do you like the new restaurant?
Est-ce que vous aimez le nouveau restaurant?

Yes, but it is very expensive.
Oui, mais il est très cher.

Do you like your room?
Aimez-vous votre chambre?

Do you like your family?
Aimez-vous votre famille?

My friend is a baker.
Mon ami est boulanger.

Janine is a salesperson.
Janine est vendeuse.

The hotel is beautiful.
L'hôtel est beau.

This woman is pretty.
Cette femme est jolie.

Mr Durand is a jeweller.
Monsieur Durand est bijoutier.

This aircraft is old.
Cet avion est vieux.

The medicine is good.
Le médicament est bon.

That woman is very beautiful.
Cette femme est très belle.

This stamp is beautiful.
Ce timbre est beau.

That woman is English.
Cette femme est anglaise.

Roger's car is old.
L'auto de Roger est vieille.

This road is bad.
Cette route est mauvaise.

He is a businessman.
Il est un homme d'affaires.

She is a businesswoman.
Elle est une femme d'affaires.

She is a successful businesswoman.
Elle est une femme d'affaires prospère.

She is an artist.
Elle est une artiste.

He is a musician.
Il est un musicien.

He is a doctor.
Il est médecin.

This is a doctor.
C'est un médecin.

She is a dentist.
Elle est un dentiste.

This is a dentist.
C'est une dentiste.

She is a salesperson.
Elle est vendeuse.

This is a saleswoman.
C'est une vendeuse.

It is beautiful.
Il est beau.

This is a beautiful hotel.
C'est un bel hôtel.

She is pretty.
Elle est jolie.

This is a pretty woman.
C'est une jolie femme.

He is a jeweller.
Il est bijoutier.

This is a jeweller.
C'est un bijoutier.

It is old.
Il est vieux.

This is an old airplane.
C'est un vieil avion.

It is good.
Il est bon.

This is a good medicine.
C'est un bon médicament.

She is very beautiful.
Elle est très belle.

This is a very beautiful woman.
C'est une très belle femme.

He is very handsome.
Il est très beau.

This is a very handsome man.
C'est un très bel homme.

It is beautiful.
Il est beau.

This is a beautiful stamp.
C'est un beau timbre.

She is English.
Elle est anglaise.

This is an Englishwoman.
C'est une Anglaise.

It is old.
Elle est vieille.

This is an old car.
C'est une vieille auto.

It is bad.
Elle est mauvaise.

This is a bad road.
C'est une mauvaise route.

This dress is expensive.
Cette robe est chère.

Yes, but a good dress is always expensive.
Oui, mais une bonne robe, c'est toujours cher.

This coat is expensive.
Ce manteau est cher.

Yes, but a good coat is always expensive.
Oui, mais un bon manteau, c'est toujours cher.

This hotel is expensive.
Cet hôtel est cher.

Yes, but a good hotel is always expensive.
Oui, mais un bon hôtel, c'est toujours cher.

This book is expensive.
Ce livre est cher.

Yes, but a good book is always expensive.
Oui, mais un bon livre, c'est toujours cher.

This car is expensive.
Cette auto est chère.

Yes, but a good car is always expensive.
Oui, mais une bonne auto, c'est toujours cher.

This store is expensive.
Ce magasin est cher.

Yes, but a good store is always expensive.
Oui, mais un bon magasin, c'est toujours cher.

This restaurant is expensive.
Ce restaurant est cher.

Yes, but a good restaurant is always expensive.
Oui, mais un bon restaurant, c'est toujours cher.

This suit is expensive.
Ce costume est cher.

Yes, but a good suit is always expensive.
Oui, mais un bon costume, c'est toujours cher.

This journal is expensive.
Cette revue est chère.

Yes, but a good journal is always expensive.
Oui, mais une bonne revue, c'est toujours cher.

This room is expensive.
Cette chambre est chère.

Yes, but a good room is always expensive.
Oui, mais une bonne chambre, c'est toujours cher.

The maid works well.
La femme de chambre travaille bien.

This is a good maid.
C'est une bonne femme de chambre.

My dry cleaner cleans clothes well.
Mon teinturier nettoie bien les vêtements.

This is a good dry cleaner.
C'est un bon teinturier.

This student does not work well.
Cet étudiant ne travaille pas bien.

This is a bad student.
C'est un mauvais étudiant.

This hotel does not suit me.
Cet hôtel ne me convient pas.

This is a bad hotel.
C'est un mauvais hôtel.

I do not like the restaurant opposite.
Je n'aime pas le restaurant d'en face.

This is a bad restaurant.
C'est un mauvais restaurant.

The launderer does not wash the laundry.
Le blanchisseur ne lave pas bien le linge.

This is a bad launderer.
C'est un mauvais blanchisseur.

My cobbler does not repair the shoes well.
Mon cordonnier répare mal les chaussures.

This is a bad cobbler.
C'est un mauvais cordonnier.

I do not like the climate at all.
Je n'aime pas du tout le climat.

This is a bad climate.
C'est un mauvais climat.

I really love this book.
J'aime beaucoup ce livre.

This is a good book.
C'est un bon livre.

My pastry chef makes good cakes.
Mon pâtissier fait de bons gâteaux.

This is a good pastry chef.
C'est un bon pâtissier.

The new road is very slippery.
La nouvelle route est très glissante.

It is a bad road.
C'est une mauvaise route

The new employee does not work well.
La nouvelle employée ne travaille pas bien.

This is a bad employee.
C'est une mauvaise employée.

I really love the new road.
J'aime beaucoup la nouvelle route.

This is a good road.
C'est une bonne route.

Will you buy the Roger's car?
Allez-vous acheter l'auto de Roger?

No, it is too expensive.
Non, elle est trop chère.

Do you often call to France?
Téléphonez-vous souvent en France?

No, it is too expensive.
Non, c'est trop cher.

Do you have a villa?
Avez-vous une villa?

No, it is too expensive.
Non, c'est trop cher.

Do you want this shirt?
Voulez-vous cette chemise?

No, it is too expensive.
Non, elle est trop chère.

Do you send a lot of telegrams?
Envoyez-vous beaucoup de télégrammes?

No, it is too expensive.
Non, c'est trop cher.

Does your friend take a taxi every day?
Votre ami prend-il un taxi tous les jours?

No, it is too expensive.
Non, c'est trop cher.

Do you have any good?
Avez-vous une bonne?

No, it is too expensive.
Non, c'est trop cher.

Do you have a good idea?
Avez-vous une bonne idée?

Do you have a good plan?
Avez-vous un bon plan?

Do you have a good understanding?
Avez-vous une bonne compréhension?

Do you have a good relationship?
Avez-vous une bonne relation?

Do you have a good work ethic?
Avez-vous une bonne éthique de travail?

Do you have a good place to live?
Avez-vous un bon endroit pour vivre?

Do you have a good life?
Avez-vous une bonne vie?

Do you send your parcels by air?
Envoyez-vous vos colis par avion?

No, it is too expensive.
Non, c'est trop cher.

Do you want the model in brown?
Vous voulez le modèle en marron?

No, it is too expensive.
Non, il est trop cher.

Do you go in the south of France?
Vous allez dans le Midi?

No, it is too expensive.
Non, c'est trop cher.

Do you want to buy my villa?
Vous voulez acheter ma villa?

No, it is too expensive.
Non, elle est trop chère.

How are you going to resolve the problem?
Comment allez-vous de résoudre le problème?

How are you going at school?
Comment allez-vous à l'école?

How are you going at work?
Comment allez-vous au travail?

What time is it in New York?
Quelle heure est-il à New York?

Where are we going for lunch?
Où allons-nous déjeuner?

How much is two plus two?
Combien font deux et deux?

What did you do over the weekend?
Qu'avez-vous fait pendant le weekend?

Why did you not send it home?
Pourquoi ne l'envoyez-vous pas de chez vous?

How is your brother going?
Comment va votre frère?

How is he going?
Comment va-t-il?

How much do I owe you?
Combien vous dois-je?

How many trunks do you have?
Combien de malles avez-vous?

For what date?
Pour quelle date?

By what train are you leaving?
Par quel train partez-vous?

What is your shoe size?
Quelle est votre pointure?

What are the arrival times?
Quelles sont les heures d'arrivée?

Where is the restaurant?
Où est le restaurant?

This is the restaurant.
C'est le restaurant.

Where is the castle?
Où est le château?

Where is the racecourse?
Où est l'hippodrome?

Where is the casino?
Où est le casino?

Where is the festival?
Où est le festival?

Where is the bank?
Où est la banque?

Where is the demand?
Où est la demande?

When does he leave?
Quand part-il?

On what day does he leave?
Quel jour part-il?

With whom does he leave?
Avec qui part-il?

How will he leave?
Comment part-il?

Why is he leaving?
Pourquoi part-il?

What time does it depart?
A quelle heure part-il?

When does it leave?
Quand part-il?

When are you closing the store?
Quand fermez-vous le magasin?

When are you leaving town?
Quand quittez-vous la ville?

When are you packing the bags?
Quand faites-vous les bagages?

When will you buy the tickets?
Quand achetez-vous les billets?

When will you collect the mail?
Quand montez-vous le courrier?

When will you weigh the bags?
Quand pesez-vous les valises?

When will you wash the car?
Quand lavez-vous l'auto?

When will you wake up the kids?
Quand réveillez-vous les enfants?

When will you go on vacation?
Quand allez-vous en vacances?

When are you at the office?
Quand êtes-vous au bureau?

Where are you going?
Où allez-vous?

Where are you going to find them?
Où allez-vous les trouver?

Where are you going to find help?
Où allez-vous trouver de l'aide?

Where are you going to find assistance?
Où allez-vous trouver de l'aide?

Where are you going with your study?
Où allez-vous avec votre étude?

Where are you going with your life?
Où allez-vous avec votre vie?

Why are you late?
Pourquoi êtes-vous en retard?

Where do you live?
Où habitez-vous?

Why are they afraid?
Pourquoi ont-ils peur?

Where does one have lunch?
Où déjeune-t-on?

Why does one close?
Pourquoi ferme-t-on?

Where does she have lunch?
Où déjeune-t-elle?

Why do you stay?
Pourquoi restez-vous?

Where do you work?
Où travaillez-vous?

Why are you calling?
Pourquoi téléphonez-vous?

Where is he going?
Où va-t-il?

Why does one return?
Pourquoi rentre-t-on?

Where are they going?
Où vont-ils?

Why are you afraid?
Pourquoi avez-vous peur?

Where does it snow?
Où neige-t-il?

Why are we staying?
Pourquoi restons-nous?

Where is it hot?
Où fait-il chaud?

Why are you leaving?
Pourquoi partez-vous?

Where do you change trains?
Où changez-vous de train?

Why are you hanging up?
Pourquoi raccrochez-vous?

What are you doing?
Que faites-vous?

What do you have?
Qu'avez-vous?

What do you want?
Que voulez-vous?

What are you bringing?
Qu'apportez-vous?

What does one look?
Que regarde-t-on?

What are you buying?
Qu'achetez-vous?

What does one say?
Que dit-on?

What do you like?
Qu'aimez-vous?

What do you weigh?
Que pesez-vous?

What do you listen to?
Qu'écoutez-vous?

What does she know?
Que sait-elle?

What does one try?
Qu'essaie-t-on?

What does he want?
Que veut-il?

What are you sending?
Qu'envoyez-vous?

What does he want?
Que désire-t-il?

What will he accept?
Qu'accepte-t-il?

What does she like?
Qu'aime-t-elle?

What are you repairing?
Que réparez-vous?

What does one hope?
Qu'espère-t-on?

What do you think?
Que pensez-vous?

What do you drink?
Qu'est-ce que vous buvez?

What do you eat?
Que mangez-vous?

What do you think of that?
Que pensez-vous de cela?

What do you think of the idea?
Que pensez-vous de l'idée?

What do you think of the reasons?
Que pensez-vous des raisons?

What do you think of our son?
Que pensez-vous de notre fils?

What do you think of the objectives?
Que pensez-vous des objectifs?

What do you think of this?
Que pensez-vous de cela?

Why don't you call?
Pourquoi ne téléphonez-vous pas?

Why don't you speak?
Pourquoi ne parlez-vous pas?

Why don't you return?
Pourquoi ne rentrez-vous pas?

Why don't you listen?
Pourquoi n'écoutez-vous pas?

Why don't you have lunch?
Pourquoi ne déjeunez-vous pas?

Why don't you try?
Pourquoi n'essayez-vous pas?

Why don't you stay?
Pourquoi ne restez-vous pas?

Why don't you agree?
Pourquoi n'acceptez-vous pas?

Why don't you work?
Pourquoi ne travaillez-vous pas?

Why don't you close?
Pourquoi ne fermez-vous pas?

Why don't you want something else?
Pourquoi ne voulez-vous pas autre chose?

Why don't you accept anything else?
Pourquoi n'acceptez-vous pas autre chose?

Why don't you ask for something else?
Pourquoi ne demandez-vous pas autre chose?

Why don't you try something else?
Pourquoi n'essayez-vous pas autre chose?

Why don't you show something else?
Pourquoi ne montrez-vous pas autre chose?

Why don't you buy something else?
Pourquoi n'achetez-vous pas autre chose?

Why don't you start something else?
Pourquoi ne commencez-vous pas autre chose?

Why don't you listen to anything else?
Pourquoi n'écoutez-vous pas autre chose?

Why don't you find something else?
Pourquoi ne trouvez-vous pas autre chose?

Why don't you try something else?
Pourquoi n'essayez-vous pas autre chose?

Why don't you present something else?
Pourquoi ne présentez-vous pas autre chose?

One wants something.
On veut quelque chose.

What does one want?
Que veut-on?

I weigh something.
Je pèse quelque chose.

What do you weigh?
Que pesez-vous?

I hear something.
J'écoute quelque chose.

What do you hear?
Qu'écoutez-vous?

He hears something.
Il écoute quelque chose.

What does he hear?
Qu'écoute-t-il?

They buy something.
Ils achètent quelque chose.

What do they buy?
Qu'achètent-ils?

I try something.
J'essaie quelque chose.

What are you trying?
Qu'essayez-vous?

I criticize something.
Je critique quelque chose.

What do you criticize?
Que critiquez-vous?

I know something.
Je sais quelque chose.

What do you know?
Que savez-vous?

I have something.
J'ai quelque chose.

What do you have?
Qu'avez-vous?

They are late; why are they not on time?
Elles sont en retard; pourquoi ne sont-elles pas à l'heure?

He is late; why is he not on time?
Il est en retard; pourquoi n'est-il pas à l'heure?

You are late; why are you not on time?
Vous êtes en retard; pourquoi n'êtes-vous pas à l'heure?

She is late; why is she not on time?
Elle est en retard; pourquoi n'est-elle pas à l'heure?

The employees are late; why are they not on time?
Les employés sont en retard; pourquoi ne sont-ils pas à l'heure?

They are late; why are they not on time?
Ils sont en retard; pourquoi ne sont-ils pas à l'heure?

We are late; why are we not on time?
On est en retard; pourquoi n'est-on pas à l'heure?

One has lunch at one o'clock.
On déjeune à une heure.

Why does one not have lunch later?
Pourquoi ne déjeune-t-on pas plus tard?

She returns at four o'clock.
Elle rentre à quatre heures.

Why does she not return later?
Pourquoi ne rentre-t-elle pas plus tard?

It leaves at six o'clock.
Il part à six heures.

Why not leave later?
Pourquoi ne part-il pas plus tard?

Shops close at five o'clock.
Les magasins ferment à cinq heures.

Why don't they close later?
Pourquoi ne ferment-ils pas plus tard?

I phone at eight o'clock.
Je téléphone à huit heures.

Why don't you call later?
Pourquoi ne téléphonez-vous pas plus tard?

One starts at seven o'clock.
On commence à sept heures.

Why does one not start later?
Pourquoi ne commence-t-on pas plus tard?

They arrive at five o'clock.
Ils arrivent à cinq heures.

Why don't they arrive later?
Pourquoi n'arrivent-ils pas plus tard?

I have lunch at eleven o'clock.
Je déjeune à onze heures.

Why don't you have lunch later?
Pourquoi ne déjeunez-vous pas plus tard?

I leave at eight o'clock.
Je pars à huit heures.

Why not depart later?
Pourquoi ne partez-vous pas plus tard?

She calls at five o'clock.
Elle téléphone à cinq heures.

Why does she not phone later?
Pourquoi ne téléphone-t-elle pas plus tard?

I arrive at eight o'clock.
J'arrive à huit heures.

Why don't you arrive later?
Pourquoi n'arrivez-vous pas plus tard?

If it is not in the kitchen, where is it?
S'il n'est pas dans la cuisine, où est-il?

If it is not in the bedroom, where is it?
S'il n'est pas dans la chambre à coucher, où est-il?

If it is not in the bathroom, where is it?
S'il n'est pas dans la salle de bain, où est-il?

If it is not in the lounge, where is it?
S'il n'est pas dans le salon, où est-il?

If it is not at the restaurant, where is it?
S'il n'est pas au restaurant, où est-il?

If it is not in the office, where is it?
S'il n'est pas au bureau, où est-il?

If they do not go to the office, where do they go?
S'ils ne vont pas au bureau, où vont-ils?

If she is not in the office, where is she?
Si elle n'est pas au bureau, où est-elle?

If we do not go to the office, where do we go?
Si nous n'allons pas au bureau, où allons-nous?

If they are not over there, where are they?
S'ils ne sont pas là-bas, où sont-ils?

If you are not going to the office, where are you going?
Si vous n'allez pas au bureau, où allez-vous?

If she does not live here, where does she live?
Si elle n'habite pas ici, où habite-t-elle?

If he does not work there, where does he work?
S'il ne travaille pas là-bas, où travaille-t-il?

If one does not have lunch at the cafe, where does one have lunch?
Si on ne déjeune pas au café, où déjeune-t-on?

If we do not go to Versailles, where do we go?
Si nous n'allons pas à Versailles, où allons-nous?

We are looking for the bags.
On cherche les bagages.

Why are we looking for them?
Pourquoi les cherche-t-on?

She brings her bags.
Elle apporte ses bagages.

Why does she bring them?
Pourquoi les apporte-t-elle?

He is looking for his sister.
Il cherche sa sœur.

Why is he looking for her?
Pourquoi la cherche-t-il?

I close my windows.
Je ferme mes fenêtres.

Why do you close them?
Pourquoi les fermez-vous?

They pack their bags.
Ils font leurs bagages.

Why do they pack them?
Pourquoi les font-ils?

He criticises his friends.
Il critique ses amis.

Why does he criticise them?
Pourquoi les critique-t-il?

I call Jenny.
J'appelle Jenny.

Why do you call her?
Pourquoi l'appelez-vous?

He hangs up the receiver.
Il raccroche le récepteur.

Why does he hang it up?
Pourquoi le raccroche-t-il?

I rent my places.
Je loue mes places.

Why do you rent them?
Pourquoi les louez-vous?

Thank you.
Je vous remercie.

Why are you thanking me?
Pourquoi me remerciez-vous?

They call you.
On vous appelle.

Why am I being called?
Pourquoi m'appelle-t-on?

They are asking me.
On me demande.

Why are they asking you?
Pourquoi vous demande-t-on?

I am buying it.
Je l'achète.

Why are you buying it?
Pourquoi l'achetez-vous?

I am giving them.
Je les donne.

Why are you giving them?
Pourquoi les donnez-vous?

They phone you.
On vous téléphone.

Why do they phone me?
Pourquoi me téléphone-t-on?

It bothers me.
On me dérange.

Why does it bother you?

Pourquoi vous dérange-t-on?

I am leaving her.

Je la quitte.

Why are you leaving her?

Pourquoi la quittez-vous?

If you do not start now, when are you going to start?

Si vous ne commencez pas maintenant, quand allez-vous commencer?

If I did not have lunch now, when will I go for lunch?

Si je ne déjeune pas maintenant, quand est-ce que je vais déjeuner?

If vendors do not eat lunch now, when are they going to lunch?

Si les vendeuses ne déjeunent pas maintenant, quand vont-elles déjeuner?

If you do not return now, when will you return?

Si vous ne rentrez pas maintenant, quand allez-vous rentrer?

If we do not telephone now, when are we going to call?

Si nous ne téléphonons pas maintenant, quand allons-nous téléphoner?

If one does not start now, when does one start?

Si on ne commence pas maintenant, quand va-t-on commencer?

If you do not try it now, when will you try?

Si vous n'essayez pas maintenant, quand allez-vous essayer?

If I do not phone now, when am I going to call?

Si je ne téléphone pas maintenant, quand est-ce que je vais téléphoner?

If we do not return now, when are we going to return?

Si nous ne rentrons pas maintenant, quand allons-nous rentrer?

If you cannot come now, when will you come?

Si vous n'arrivez pas maintenant, quand allez-vous arriver?

If you do not eat lunch at midday, what time do you go to lunch?

Si vous ne déjeunez pas à midi, à quelle heure allez-vous déjeuner?

If you do not close at eight o'clock, what time will you close?

Si vous ne fermez pas à huit heures, à quelle heure allez-vous fermer?

If the shops do not close at five o'clock, what time will they close?

Si les magasins ne ferment pas à cinq heures, à quelle heure vont-ils fermer?

If one does not start to seven o'clock, at what time does one start?

Si on ne commence pas à sept heures, à quelle heure va-t-on commencer?

If the train does not arrive at six pm, what time will it arrive?

Si le train n'arrive pas à dix-huit heures, à quelle heure va-t-il arriver?

If you do not call at nine o'clock, what time are you going to call?

Si vous ne téléphonez pas à neuf heures, à quelle heure allez-vous téléphoner?

If we do not start at two o'clock, what time are we going to start?

Si nous ne commençons pas à deux heures, à quelle heure allons-nous commencer?

If I fail to arrive at six o'clock, what time am I going to arrive?

Si je n'arrive pas à six heures, à quelle heure est-ce que je vais arriver?

If we do not have lunch at midday, what time
are we going to lunch?

*Si nous ne déjeunons pas à midi, à quelle
heure allons-nous déjeuner?*

If one does not phone at seven o'clock, what
time does one call?

*Si on ne téléphone pas à sept heures, à quelle
heure va-t-on téléphoner?*

Chapter X
Chapitre X

Where can I reserve my seats?
Où puis-je retenir mes places?

I can give you a window seat.
Je peux vous donner un siège côté fenêtre.

I can give you an aisle seat.
Je peux vous donner un siège côté couloir.

You can insure them directly opposite.
Vous pouvez les faire assurer en face.

Do you want to go to the cafe?
Voulez-vous aller au café?

Do you want to go to the restaurant?
Voulez-vous aller au restaurant?

What does this word mean?
Que veut dire ce mot?

I do not know.
Je ne sais pas.

Do you know what time the stores close?
Savez-vous à quelle heure ferment les magasins?

I know where the hotel is.
Je sais où est l'hôtel.

They know where the hotel is.
Ils savent où est l'hôtel.

You know where the hotel is.
Vous savez où est l'hôtel.

We know where the hotel is.
Nous savons où est l'hôtel.

He knows where the hotel is.
Il sait où est l'hôtel.

They know where the hotel is.
Elles savent où est l'hôtel.

We know where the hotel is.
On sait où est l'hôtel.

She knows where the hotel is.
Elle sait où est l'hôtel.

I do not know where to go.
Je ne sais pas où aller.

They know where to go.
Ils savent où aller.

She knows where to go.
Elle sait où aller.

I do not know where she is going.
Je ne sais pas où elle va.

She is going to the hotel.
Elle va à l'hôtel.

Does he know what time the stores close?
Sait-il à quelle heure ferment les magasins?

Do they know what time the stores close?
Savent-ils à quelle heure ferment les magasins?

Does she know what time the stores close?
Sait-elle à quelle heure ferment les magasins?

Do they know what time the stores close?
Savent-elles à quelle heure ferment les magasins?

Do you want to fill in these records?
Voulez-vous remplir ces fiches?

Does he want to complete these records?
Veut-il remplir ces fiches?

Do they want to fill in these forms?
Veulent-elles remplir ces fiches?

Do we want to fill in these forms?
Veut-on remplir ces fiches?

Does she want to fill in these forms?
Veut-elle remplir ces fiches?

Do they want to fill in these forms?
Veulent-ils remplir ces fiches?

I have to fill in these forms.
Je dois remplir ces formulaires.

Do I need to fill in these forms?
Dois-je remplir ces formulaires?

We want to have lunch.
Nous voulons déjeuner.

They want to have lunch.
Ils veulent déjeuner.

She wants to have lunch.
Elle veut déjeuner.

They want to have lunch.
Elles veulent déjeuner.

He wants to have lunch.
Il veut déjeuner.

One wants lunch.
On veut déjeuner.

He can insure them opposite.
Il peut les faire assurer en face.

We can insure them opposite.
Nous pouvons les faire assurer en face.

I can insure them opposite.
Je peux les faire assurer en face.

She can get them insured directly across from us.
Elle peut les faire assurer en face.

We can give you two window seats.
Nous pouvons vous donner deux coins fenêtres.

They can give you two window seats.
Ils peuvent vous donner deux coins fenêtres.

She can give you two window seats.
Elle peut vous donner deux coins fenêtres.

They can give you two window seats.
Elles peuvent vous donner deux coins fenêtres.

He can give you two window seats.
Il peut vous donner deux coins fenêtres.

I can give you two window seats.
Je peux vous donner deux coins fenêtres.

I can give you what you want.
Je peux vous donner ce que vous voulez.

I can give you a choice.
Je peux vous donner un choix.

I can give you an example.
Je peux vous donner un exemple.

I can give you a number of examples.
Je peux vous donner un certain nombre d'exemples.

I can give you numerous examples.
Je peux vous donner de nombreux exemples.

I can give you the number of my friend.
Je peux vous donner le numéro de mon ami.

I can give you the number of my friends.
Je peux vous donner le nombre de mes amis.

I can give you the address of my friend.
Je peux vous donner l'adresse de mon amie.

I can give you some advice.
Je peux vous donner quelques conseils.

I can give you some information.
Je peux vous donner quelques informations.

I can give you some specifics.
Je peux vous donner quelques précisions.

I can give you some clarification.
Je peux vous donner quelques précisions.

I would like to give you some advice.
Je voudrais vous donner quelques conseils.

Can I ask you some questions?
Puis-je vous poser quelques questions?

May I ask you the same question?
Puis-je vous poser la même question?

Can I ask you another question?
Puis-je vous poser une autre question?

I don't know yet.
Je ne sais pas encore.

They do not know yet.
Ils ne savent pas encore.

We do not know yet.
Nous ne savons pas encore.

She does not yet know.
Elle ne sait pas encore.

One does not know yet.
On ne sait pas encore.

You do not know yet.
Vous ne savez pas encore.

They do not know yet.
Elles ne savent pas encore.

He does not yet know.
Il ne sait pas encore.

I do not yet know what to do.
Je ne sais pas encore quoi faire.

I do not yet know where to go.
Je ne sais pas encore où aller.

I do not yet know where they are.
Je ne sais pas encore où ils sont.

I do not yet know how.
Je ne sais pas encore comment.

I do not yet know if I will go to France.
Je ne sais pas encore si je vais aller en France.

Do you want to try them?
Voulez-vous les essayer?

Does he want to try them?
Veut-il les essayer?

Do they want to try them?
Veulent-ils les essayer?

Does she want to try them?
Veut-elle les essayer?

Do they want to try them?
Veulent-elles les essayer?

Do we want to try them?
Veut-on les essayer?

Where can I send an airmail letter?
Où puis-je envoyer une lettre par avion?

Where do I have to go to send an airmail letter?
Où puis-je envoyer une lettre par avion?

Where can she go to send an airmail letter?
Où peut-elle envoyer une lettre par avion?

Where can they send an airmail letter?
Où peuvent-elles envoyer une lettre par avion?

Where can he send an airmail letter?
Où peut-il envoyer une lettre par avion?

Where can we send an airmail letter?
Où pouvons-nous envoyer une lettre par avion?

Where can they send an airmail letter?
Où peuvent-ils envoyer une lettre par avion?

Where does one go to send an airmail letter?
Où peut-on envoyer une lettre par avion?

She wants to phone.
Elle veut téléphoner.

Where does she want to call?
Où veut-elle téléphoner?

We want to call.
On veut téléphoner.

Where do you want to call?
Où veut-on téléphoner?

I want to make a call.
Je veux téléphoner.

Where do you want to call?
Où voulez-vous téléphoner?

They want to use the phone.
Ils veulent téléphoner.

Where do they want to call?
Où veulent-ils téléphoner?

They want to call.
Elles veulent téléphoner.

Where do they want to call?
Où veulent-elles téléphoner?

We want to make a phone call.
Nous voulons téléphoner.

Where do you want to call?
Où voulez-vous téléphoner?

I want to make a phone call to England.
Je veux faire un appel téléphonique à l'Angleterre.

I want to make an urgent phone call.
Je veux faire un appel téléphonique d'urgence.

I want to make a brief phone call.
Je veux faire un bref appel téléphonique.

I want to receive a phone call.
Je veux recevoir un appel téléphonique.

I received a phone call from him.
J'ai reçu un appel téléphonique de lui.

I received a phone call from her.
J'ai reçu un appel téléphonique de lui.

I received a phone call from them.
J'ai reçu un appel téléphonique de leur part.

I received him at the office.
Je l'ai reçu au bureau.

I received her at the office.
Je l'ai reçue au bureau.

I received it for free.
Je l'ai reçu gratuitement.

I did not receive a request.
Je n'ai pas reçu de demande.

I did not receive any request.
Je n'ai pas reçu de demande.

I did not receive an answer.
Je n'ai pas reçu de réponse.

I received a call every Monday.
Je recevais un appel tous les lundis.

I was receiving an important phone call.
Je recevais un appel important.

I received a phone call every Monday.
Je recevais un appel téléphonique tous les lundis.

He received a phone call every Tuesday.
Il recevait un appel téléphonique tous les mardis.

She received a phone call every Wednesday morning.
Elle recevait un appel téléphonique chaque mercredi matin.

We received a phone call every Thursday night.

Nous recevions un appel téléphonique chaque jeudi soir.

They received a phone call every Sunday evening.

Ils recevaient un appel téléphonique chaque dimanche soir.

They received the call on Saturday.

Ils ont reçu l'appel le samedi.

I received the call at four o'clock in the morning.

J'ai reçu l'appel à quatre heures du matin.

Does she know the number?

Sait-elle le numéro?

No, she does not know it.

Non, elle ne le sait pas.

Does she have the number?

A-t-elle le numéro?

No, she does not have it.

Non, elle ne l'a pas.

Do you have the number?

Avez-vous le numéro?

No, I do not have it.

Non, je ne l'ai pas.

Do they know the number?

Savent-ils le numéro?

No, they do not know it.

Non, ils ne le savent pas.

Do we know the number?

Sait-on le numéro?

No, we do not know it.

Non, on ne le sait pas.

Do they have the number?

Ont-ils le numéro?

No, they do not have it.

Non, ils ne l'ont pas.

Does he know the number?

Sait-il le numéro?

No, he does not know it.

Non, il ne le sait pas.

Do you have the number?

Avez-vous le numéro?

No, I do not have it.

Non, je ne l'ai pas.

Do you know the number?

Savez-vous le numéro?

No, I do not know it.

Non, je ne le sais pas.

I am going into town; where can I take a taxi from?

Je vais en ville; où puis-je prendre un taxi?

He is in a hurry; where can he get a taxi?

Il est pressé; où peut-il prendre un taxi?

We are going into town; where can we catch a taxi?

Nous allons en ville; où pouvons-nous prendre un taxi?

They are in town; where can they take a taxi?

Elles sont en ville; où peuvent-elles prendre un taxi?

He is going to town; where can he take a taxi?

Il va en ville; où peut-il prendre un taxi?

I am pushed for time; where can I get a taxi?

Je suis pressé; où puis-je prendre un taxi?

They are going to town; where can they take a taxi?

Elles vont en ville; où peuvent-elles prendre un taxi?

She is going into town; where can she get a taxi?

Elle va en ville; où peut-elle prendre un taxi?

We are in a rush; where can we catch a cab?

Nous sommes pressés; où pouvons-nous prendre un taxi?

They are in a hurry; where they can get a taxi?

Ils sont pressés; où peuvent-ils prendre un taxi?

I do not know if I can go now.

Je ne sais pas si je peux partir maintenant.

We do not know if we can leave now.

Nous ne savons pas si nous pouvons partir maintenant.

He does not know if he can depart just now.

Il ne sait pas s'il peut partir maintenant.

They do not know if they can leave right now.

Elles ne savent pas si elles peuvent partir maintenant.

We do not know if we can go now.

On ne sait pas si on peut partir maintenant.

They do not know if they can go now.

Ils ne savent pas s'ils peuvent partir maintenant.

You do not know if you can leave now.

Vous ne savez pas si vous pouvez partir maintenant.

I do not know if I can go now.

Je ne sais pas si je peux partir maintenant.

I do not know if I can speak in detail.

Je ne sais pas si je peux parler en détail.

I do not know if I can answer you.

Je ne sais pas si je peux vous répondre.

I do not know if I can respond to all your questions.

Je ne sais pas si je peux répondre à toutes vos questions.

I do not know if I can make it.

Je ne sais pas si je peux le faire.

I do not know if I can respond to that question.

Je ne sais pas si je peux répondre à cette question.

I do not know if I can count on your support.

Je ne sais pas si je peux compter sur votre soutien.

I do not know if I can stay the night.

Je ne sais pas si je peux passer la nuit.

We want to know if we can leave now.

Nous voulons savoir si nous pouvons partir maintenant.

I want to know if I can go now.

Je veux savoir si je peux partir maintenant.

We want to know if we can depart now.

Nous voulons savoir si nous pouvons partir maintenant.

They want to know if they can be off now.

Elles veulent savoir si elles peuvent partir maintenant.

He wants to know if he can go now.

Il veut savoir s'il peut partir maintenant.

We want to know if we can go now.

On veut savoir si on peut partir maintenant.

They want to know if they can go now.

Ils veulent savoir s'ils peuvent partir maintenant.

She wants to know if she can go now.

Elle veut savoir si elle peut partir maintenant.

If she does not go in the south of France, where can she go?

Si elle ne va pas dans le Midi, où est-ce qu'elle peut aller?

If we do not go in the south of France, where can we go?

Si nous n'allons pas dans le Midi, où est-ce que nous pouvons aller?

If I am not going to the south of France, where can I go?

Si je ne vais pas dans le Midi, où est-ce que je peux aller?

If they do not go to the south of France, where can they go?

S'ils ne vont pas dans le Midi, où est-ce qu'ils peuvent aller?

If one does not go to the south of France, where can one go?

Si on ne va pas dans le Midi, où est-ce qu'on peut aller?

If you are not going to the south of France, where can you go?

Si vous n'allez pas dans le Midi, où est-ce que vous pouvez aller?

If he is not going in the south of France, where can he go?

S'il ne va pas dans le Midi, où est-ce qu'il peut aller?

If they are not going to the south of France, where is it that they can go?

Si elles ne vont pas dans le Midi, où est-ce qu'elles peuvent aller?

She is pushed for time.

Elle est pressée.

What time does she want to leave?

A quelle heure veut-elle partir?

I am in a hurry.

Je suis pressé.

What time do you want to depart?

A quelle heure voulez-vous partir?

They are in a rush.

Ils sont pressés.

What time do they want to go?

A quelle heure veulent-ils partir?

She is in a hurry.

Elle est pressée.

What time does she want to be off?

A quelle heure veut-elle partir?

They are pushed for time.

Elles sont pressées.

What time do they want to leave?

A quelle heure veulent-elles partir?

My friend and I are in a hurry.

Mon ami et moi, nous sommes pressés.

What time do you want to leave?

A quelle heure voulez-vous partir?

Do you want lunch?

Voulez-vous déjeuner?

No, I do not want lunch.

Non, je ne veux pas déjeuner.

Can they leave later?

Peuvent-ils partir plus tard?

No, they cannot leave later.

Non, ils ne peuvent pas partir plus tard.

Can we repair the car?

Peut-on réparer l'auto?

No, we cannot repair the car.

Non, on ne peut pas réparer l'auto.

Do they want to work?

Veulent-ils travailler?

No, they do not want to work.
Non, ils ne veulent pas travailler.

Does your friend want to work?
Votre ami veut-il travailler?

No, he does not want to work.
Non, il ne veut pas travailler.

Does your friend want to work?
Votre amie peut-elle travailler?

No, she cannot work.
Non, elle ne peut pas travailler.

Do your friends want to work?
Vos amies peuvent-elles travailler?

No, they cannot work.
Non, elles ne peuvent pas travailler.

Does our friend want to take a plane?
Votre amie veut-elle prendre l'avion?

No, she does not want to take a plane.
Non, elle ne veut pas prendre l'avion.

Do they want to catch a flight?
Veulent-elles prendre l'avion?

No, they do not want to fly.
Non, elles ne veulent pas prendre l'avion.

Do you want to change rooms?
Voulez-vous changer de chambre?

No, I do not want to change rooms.
Non, je ne veux pas changer de chambre.

I do not know if I can fix the car.
Je ne sais pas si je peux réparer l'auto.

We do not know if we can repair the car.
Nous ne savons pas si nous pouvons réparer l'auto.

We do not know if we can fix the car.
On ne sait pas si on peut réparer l'auto.

He does not know if he can repair the car.
Il ne sait pas s'il peut réparer l'auto.

They do not know if they can fix the car.
Ils ne savent pas s'ils peuvent réparer l'auto.

She does not know if she can repair the car.
Elle ne sait pas si elle peut réparer l'auto.

They do not know if they can fix the car.
Elles ne savent pas si elles peuvent réparer l'auto.

If I am late, I can always take a taxi.
Si je suis en retard, je peux toujours prendre un taxi.

If she is late, she can always take a taxi.
Si elle est en retard, elle peut toujours prendre un taxi.

If we are late, we can always take a taxi.
Si nous sommes en retard, nous pouvons toujours prendre un taxi.

If you are late, you can always take a taxi.
Si vous êtes en retard, vous pouvez toujours prendre un taxi.

If they are late, they can always take a taxi.
S'ils sont en retard, ils peuvent toujours prendre un taxi.

If one is late, one can always catch a cab.
Si on est en retard, on peut toujours prendre un taxi.

If they are late, they can always get a taxi.
Si elles sont en retard, elles peuvent toujours prendre un taxi.

If he is late, he can always take a taxi.
S'il est en retard, il peut toujours prendre un taxi.

If we are late, we can always take a taxi.
Si nous sommes en retard, nous pouvons toujours prendre un taxi.

Person 1: Do you stay here this summer?
Personne 1: Restez-vous ici cet été?

Person 2: No, it is too hot. I go to the seaside
Personne 2: Non, il fait trop chaud. Je vais au bord de la mer.

Person 1: Do you go by car?
Personne 1: Partez-vous en auto?

Person 2: No, I take the train. I am just going to reserve my seat.
Personne 2: Non, je prends le train. Je dois justement aller retenir ma place.

Person 1: Then I will go to the station with you. I would like to see the departure times for Nice.
Personne 1: Alors, je vais à la gare avec vous. Je voudrais voir les heures de départ pour Nice.

Person 2: How long are you going to stay in Nice?
Personne 2: Combien de temps allez-vous rester à Nice?

Person 1: A month and a half. We return in September.
Personne 1: Un mois et demi. Nous rentrons en septembre.

Person 3: I wanted to go to the post office, but I do not have time. It is noon and I have to meet Jean in town at half past twelve.
Personne 3: Je voulais aller à la poste, mais je n'ai pas le temps. Il est midi et je dois retrouver Jean en ville à midi et demi.

Person 4: I have several letters to weigh at the post office; can I do something for you?
Personne 4: J'ai plusieurs lettres à faire peser à la poste; puis-je faire quelque chose pour vous?

Person 3: Certainly. Can you send this registered letter?
Personne 3: Volontiers. Pouvez-vous envoyer cette lettre recommandée?

Person 4: But yes. Will I send it by air?
Personne 4: Mais oui. Est-ce que je l'envoie par avion?

Person 3: No, it is not worth it. Well then, I will meet you here in two hours?
Personne 3: Non, ce n'est pas la peine. Alors, je vous retrouve ici à deux heures?

Person 4: Okay.
Personne 4: D'accord.

Person 5: Hello? I would like to talk to Mr Sabatier.
Personne 5: Allô? Je voudrais parler à Monsieur Sabatier.

Person 6: Who is calling?
Personne 6: C'est de la part de qui?

Person 5: Mr Roger Legrande.
Personne 5: Monsieur Roger Legrande.

Person 6: Mr Sabatier is not here. He will return in half an hour.
Personne 6: Monsieur Sabatier n'est pas là. Il va rentrer dans une demi-heure.

Person 5: I have to see him this afternoon. However, I am afraid I will be a little late. Would you tell Mr Sabatier that I apologise for any delay?
Personne 5: Je dois le voir cet après-midi, Mademoiselle, mais j'ai peur d'être en retard. Voulez-vous dire à Monsieur Sabatier que je m'excuse?

Person 6: I understand, sir. What time are you going to arrive?
Personne 6: Entendu, Monsieur. A quelle heure allez-vous venir?

Person 5: Around five o'clock, I hope.
Personne 5: Vers cinq heures, j'espère.

Can one call the post office?
Peut-on téléphoner de la poste?

Are there a lot of post offices in Paris?
Y a-t-il beaucoup de bureaux de poste à Paris?

Where does one buy some stamps?
Où achète-t-on des timbres?

What time does the post person pass your place?
A quelle heure le facteur passe-t-il chez vous?

How many times per day does the post person bring the mail?
Combien de fois par jour le facteur apporte-t-il le courrier?

Is there a mailbox near your place?
Y a-t-il une boîte aux lettres près de chez vous?

What is your phone number?
Quel est votre numéro de téléphone?

Can one send a telegram from home?
Peut-on envoyer un télégramme de chez soi?

Are packages always registered?
Les paquets sont-ils toujours recommandés?

When you are on vacation, do you send letters or postcards?
Quand vous êtes en vacances, envoyez-vous des lettres ou des cartes postales?

Where does one put letters if one is not going to the post office?
Où met-on les lettres si on ne va pas à la poste?

How can you call if you do not have a phone?
Comment peut-on téléphoner si on n'a pas le téléphone?

When do you do your mail?
Quand faites-vous votre courrier?

Do you have a lot of mail?
Avez-vous beaucoup de courrier?

Does one send money orders from the post office?
Envoie-t-on les mandats de la poste?

How many pickups are there in your town?
Combien de levées y a-t-il dans votre ville?

How many deliveries?
Combien de distributions?

In general, the mail person brings the mail in the evening or in the morning?
En général, le facteur apporte le courrier le soir ou le matin?

Do you like to go to the post office?
Aimez-vous aller à la poste?

Do you buy newspapers at the post office?
Achetez-vous les journaux à la poste?

How do you send your letters?
Comment envoyez-vous vos lettres?

By plane?
Par avion?

What time does the post office close?
A quelle heure ferme la poste?

Is there one or several counters at the post office?
Y a-t-il un guichet ou plusieurs guichets à la poste?

Does one weigh the airmail letters?
Pèse-t-on les lettres par avion?

Do your friends often call you at work?
Vos amis vous téléphonent-ils souvent au bureau?

I am at the manager's, and I do not want anyone bothering me.
Je suis chez le gérant; je ne veux pas qu'on me dérange.

She is with the manager and she does want to be disturbed.
Elle est chez le gérant; elle ne veut pas qu'on la dérange.

They are at the manager's place; they do not want to be interrupted.
Ils sont chez le gérant; ils ne veulent pas qu'on les dérange.

We are with the manager; we do not want anyone to bother us.
Nous sommes chez le gérant; nous ne voulons pas qu'on nous dérange.

He is seeing the manager; he does not want to be disturbed.
Il est chez le gérant; il ne veut pas qu'on le dérange.

They are with the manager; they do not want anyone to trouble them.
Elles sont chez le gérant; elles ne veulent pas qu'on les dérange.

Does your friend know what time her train departs?
Votre amie sait-elle à quelle heure part son train?

No, she does not know what time it leaves.
Non, elle ne sait pas à quelle heure il part.

Do you know where I live?
Savez-vous où j'habite?

No, I do not know where you live.
Non, je ne sais pas où vous habitez.

Do the employees know what time they start?
Les employées savent-elles à quelle heure elles commencent?

No, they do not know what time they start.
Non, elles ne savent pas à quelle heure elles commencent.

Do we know where they live?
Sait-on où elles habitent?

No, we do not know where they live.
Non, on ne sait pas où elles habitent.

Do they know where you are going?
Sait-on où vous allez?

No, they do not know where I am going.
Non, on ne sait pas où je vais.

Do you know what time the class starts?
Savez-vous à quelle heure commence la classe?

No, I do not know what time it starts.
Non, je ne sais pas à quelle heure elle commence.

If people are looking for me, I am by the side.
Si on me cherche, je suis à côté.

If someone is looking for her, she is to the side.
Si on la cherche, elle est à côté.

If someone is looking for them, they are at the side.
Si on les cherche, ils sont à côté.

If people are looking for us, we are just here.
Si on nous cherche, nous sommes à côté.

If people are looking for them, they are to the side.
Si on les cherche, elles sont à côte.

If someone is looking for him, he is to the side.
Si on le cherche, il est à côté.

165

Are you looking for the manager?
Vous cherchez le gérant?

Yes, I am looking for him.
Oui, je le cherche.

Yes, I am looking for her.
Oui, je la cherche.

Are you looking for me?
Vous me cherchez?

Yes, I am looking for you.
Oui, je vous cherche.

Do you have the tickets?
Vous avez les billets?

Yes, I have them.
Oui, je les ai.

Will you try the suit?
Vous essayez le costume?

Will you try the dress on?
Vous essayez la robe?

Yes, I will try it on.
Oui, je l'essaie.

Will you meet me at the station?
Vous me retrouvez à la gare?

Yes, I will meet you at the station.
Oui, je vous retrouve à la gare.

Do you rent your villa out?
Vous louez votre villa?

Yes, I rent it out.
Oui, je la loue.

Do you know the date?
Vous savez la date?

Yes, I know it.
Oui, je la sais.

Do you have the number?
Vous avez le numéro?

Yes, I have it.
Oui, je l'ai.

Are you bringing the forms?
Vous apportez les fiches?

Yes, I am bringing them.
Oui, je les apporte.

Are you going to hang up the receiver?
Vous raccrochez le récepteur?

Yes, I will hang up.
Oui, je le raccroche.

Will you carry the bags up?
Vous montez les bagages?

Yes, I will carry them up.
Oui, je les monte.

Will you wake your friends?
Vous réveillez vos amis?

Yes, I will wake them up.
Oui, je les réveille.

Do you want the number?
Vous voulez le numéro?

Yes, I want it.
Oui, je le veux.

Will you wash the car?
Vous lavez l'auto?

Yes, I will wash it.
Oui, je la lave.

I am not going to try the suit.
Je n'essaie pas le costume.

Why won't you try it on?
Pourquoi ne l'essayez-vous pas?

I do not know the lesson.
Je ne sais pas la leçon.

Why don't you know it?
Pourquoi ne la savez-vous pas?

The room does not suit me.
La chambre ne me convient pas.

Why doesn't it suit you?
Pourquoi ne vous convient-elle pas?

I do not want the room
Je ne veux pas la chambre.

Why don't you want it?
Pourquoi ne la voulez-vous pas?

I do not like to phone.
Je n'aime pas téléphoner.

Why don't you like to call?
Pourquoi n'aimez-vous pas téléphoner?

I am not listening to you.
Je ne vous écoute pas.

Why aren't you listening to me?
Pourquoi ne m'écoutez-vous pas?

You do not weigh the parcels.
On ne pèse pas les colis.

Why don't you weigh them?
Pourquoi ne les pèse-t-on pas?

My wife does not like the climate.
Ma femme n'aime pas le climat.

Why doesn't she like it?
Pourquoi ne l'aime-t-elle pas?

I do not wash my shirts.
Je ne lave pas mes chemises.

Why don't you wash them?
Pourquoi ne les lavez-vous pas?

I do not want to change rooms.
Je ne veux pas changer de chambre.

Why don't you want to change rooms?
Pourquoi ne voulez-vous pas changer de chambre?

One does not insure the suitcases.
On n'assure pas les valises.

Why does one not insure them?
Pourquoi ne les assure-t-on pas?

I do not pack my bags.
Je ne fais pas mes bagages.

Why don't you pack them?
Pourquoi ne les faites-vous pas?

I am not counting the change.
Je ne compte pas la monnaie.

Why aren't you counting it?
Pourquoi ne la comptez-vous pas?

One does not close the windows.
On ne ferme pas les fenêtres.

Why does one not close them?
Pourquoi ne les ferme-t-on pas?

Is Peter looking for me?
Est-ce que Pierre me cherche?

He is trying the suit on?
Essaie-t-il le costume?

He is returning his shirts?
Repasse-t-il ses chemises?

Is the salesperson showing him the pair of brown shoes?
Le vendeur montre-t-il la paire de chaussures marron?

Don't you love these cakes?
N'aimez-vous pas ces gâteaux?

Do you have the forms?
Est-ce que vous avez la fiche?

Is he meeting me at five o'clock?
Me retrouve-t-il à cinq heures?

Is he taking the plane?
Prend-il l'avion?

Do you want rooms twelve and thirteen?
Voulez-vous les chambres douze et treize?

Why don't you do that errand today?
Pourquoi ne faites-vous pas cette course aujourd'hui?

Who cleans your clothes?
Qui nettoie vos vêtements?

What time do you meet your friend?
A quelle heure retrouvez-vous votre ami?

Are you sending your letter by air?
Envoyez-vous votre lettre par avion?

Do you buy the morning newspaper?
Achetez-vous le journal le matin?

Who irons your shirts?
Qui repasse vos chemises?

When the does the mail person bring the mail?
Quand le facteur apporte-t-il le courrier?

Do you always study your lessons?
Etudiez-vous toujours vos leçons?

He is taking up the bag?
Monte-t-il la valise?

Do you like dried fruits?
Aimez-vous les fruits secs?

Do you need a razor?
Avez-vous besoin du rasoir?

I did not need a razor.
Je n'ai pas besoin du rasoir.

Do you need a blade?
Avez-vous besoin de la lame?

I did not need a razor blade.
Je n'ai pas besoin de la lame de rasoir.

Do you need some soap?
Avez-vous besoin du savon?

I did not need any soap.
Je n'ai pas besoin du savon.

Do you need a comb?
Avez-vous besoin du peigne?

I did not need a comb.
Je n'ai pas besoin du peigne.

Do you need a brush?
Avez-vous besoin de la brosse?

I did not need a brush.
Je n'ai pas besoin de la brosse.

He has brown hair.
Il a les cheveux bruns.

He has blonde hair.
Il a les cheveux blonds.

He has short hair.
Il a les cheveux courts.

He has long hair.
Il a les cheveux longs.

She is wearing a blue dress.
Elle porte une robe bleue.

She is wearing a red dress.
Elle porte une robe rouge.

She is wearing a new dress.
Elle porte une robe neuve.

Did you enjoy the course?
Avez-vous apprécié le cours?

Yes, but it was a little boring.
Oui, mais il était un peu ennuyeux.

End Vol.1
Fin Vol.1

Printed in Great Britain
by Amazon